D1603055

Todos mis hermanos

TODOS MIS HERMANOS

MANEL ESTIARTE

Plataforma Editorial
Barcelona

Agradecimientos
Plataforma Editorial agradece la colaboración desinteresada de las siguientes personas e instituciones: Juan Antonio Sierra, Francesc Perearnau y Mundo Deportivo, Albert Masnou y Sport, Anna Manrique, Alba Graus, Oriol Guimerà, Club Natació Manresa, Club Natació Barcelona.

Primera edición en esta colección: marzo 2009

Procedencia de las ilustraciones
Archivo autor: 1, 2, 8, 9, 19, 22, 23, 24, 25; Archivo Club Natació Manresa: 4, 5, 7; Archivo editorial: 12, 13, 15; Archivo Juan Antonio Sierra: 6, 10, 20, solapa; Archivo Mundo Deportivo: 3, 11, 22; Agencia EFE: 16, 18; Archivo Diario Sport: 17, portada

Plataforma Editorial
Plaça Francesc Macià 8-9 – 08029 Barcelona
Tel.: (+34) 93 494 79 99 – Fax: (+34) 93 419 23 14
www.plataformaeditorial.com
info@plataformaeditorial.com

Depósito legal: B. 10.802-2009
ISBN: 978-84-96981-37-9

Printed in Spain – Impreso en España

Diseño de la colección: Opalworks
Diseño de cubierta: Opalworks

El papel que se ha utilizado para imprimir este libro proviene
de explotaciones forestales controladas, donde se respetan
los valores ecológicos, sociales y el desarrollo sostenible del bosque.

Impresión:
Reinbook Imprès, S.L.
Sant Boi de Llobregat (Barcelona)

Índice

Pròleg

PEP GUARDIOLA

Estic feliç i orgullós d´estar amb tu. De ser i voler ser i lluitar per ser un bon amic teu. L'esforç val la pena. Val molt la pena. Penso que dones massa pel poc que nosaltres et donem. És només però perquè tu ets el millor. No perquè no vulguem fer-ho bé. No. Ets el millor. Això és tot.

Fa uns anys, pocs, ens trucàvem molt. Ara el Barça ens ha apropat. Ara cada matí ens veiem. Quan tu arribes alguns ja hi som. Amb la cadència dels teus passos i el soroll inconfusible de les teves sabates italianes cares, ja sé que ets tu. Ets tu qui travessa el petit passadís que condueix als meus papers i ordinador. No cal que aixequi la vista per saber qui arriba. Sé que ets tu. I, no podria ser d'una altra manera, la fem petar. Em coneixes ja tant una miqueta, que saps que un dia t'hi estàs molta estona i un altre te'n vas al minut, saps quan necessito que m'escoltis molt i molt, i saps quan toca un «Hola, Pep» o «Fins després, Pep», i saps quan em pertoca un «Això no Pep, això no toca».

Només tu saps el moment i el que em convé. S'ha de ser únic, especial, i jo sóc l'afortunat.

Prólogo

PEP GUARDIOLA

Me siento feliz y orgulloso de estar contigo. De ser y querer ser y luchar por ser un buen amigo tuyo. El esfuerzo vale la pena, vale todas las penas. Me parece que das demasiado para lo poco que te damos nosotros. Pero sólo porque tú eres el mejor, no porque no queramos hacerlo bien. No. Eres el mejor, simplemente.

Hace unos años nos telefoneábamos constantemente. Ahora el Barça nos ha aproximado. Ahora nos vemos cada mañana. Cuando tú llegas, algunos ya estamos ahí. La cadencia de tus pasos y el ruido inconfundible de tus caros zapatos italianos me dicen que eres tú. Eres tú quien atraviesa el corto pasillo que conduce a mis papeles y al ordenador. No necesito levantar la vista para saber quién llega, sé que eres tú. Y, cómo no, charlamos. Me conoces un poco ya tanto, que sabes perfectamente cuándo tienes que quedarte mucho rato y cuándo me tienes que dejar en un minuto; sabes cuándo necesito que me escuches mucho y cuándo toca un «Hola, Pep», «Hasta luego, Pep»... Y sabes cuándo me

No sé si els àngels existeixen i, si hi són, si serveixen d'alguna cosa. I molt menys si són àngels de la guarda. Però si hi són, em sembla que tu ets un d'ells. El teletext i tu em vareu salvar.

Si no recordo malament, devia ser un diumenge a la tarda, d'aquells intrascendents. Jo a Santpedor i tu a la teva Pescara italiana. Passant la tarda, com tantes altres estirats al sofà després de dinar. Fent cops de cap al coixí del sofà, els nostres petits voltant per allà, rellegint els dominicals dels diaris del dia, i de tant en tant, agafant el comandament a distància amb una mà i amb l'altra... millor no dir on era. De sobte a Santpedor, m'arriba, hi entra, una trucada teva. Després del seu «Pronto Manuel», m'expliques que al teu teletext italià surt una notícia que diu que han esbrinat alguna cosa sobre els casos de dopatge, o substàncies psicotròpiques, com vulgueu, de les quals m'havien culpabilitzat durant set anys. Set anys que insistia a dir que simplement jo no havia fet res de dolent. Diràs que no vas fer res. Diràs que vas ser tu, tu, tu, tu, tu i el teu advocat que van fer la feina. I potser sí que va ser així. Però el primer dia que em van dir: «Tu ets dolent», tu vas venir a fer-me companyia, i la gent que li passen aquestes coses no les obliden, i tu i el teu beneït atzar, van prémer el botó del teletext i em van portar el camí a seguir per esbrinar que després de 7 anys diguessin que no «era dolent». Que era bona gent. Sí, va ser l'atzar. Cert que va ser ell, però tu creies en mi, vas creure en mi, i per això vaig tenir sort. Me la vas regalar. Benvinguda.

corresponde un «Esto no, Pep, esto no toca». Sólo tú conoces el momento y lo que me conviene.

Hay que ser único, especial para esto, y yo soy el afortunado.

Desconozco si existen los ángeles y, en caso de que sea así, si sirven para algo. Mucho menos si existen los ángeles de la guarda. Pero si existen, creo que tú eres uno de ellos. El teletexto y tú me salvasteis.

Si mal no recuerdo, era un intrascendente domingo por la tarde. Yo, en Santpedor y tú, en tu Pescara italiana matábamos la tarde del domingo cabeceando en el sofá, con los chiquillos menudeando por allí, releyendo los dominicales, zapeando con una mano mientras con la otra..., mejor lo dejamos. De repente, en Santpedor me entra tu llamada y, a continuación, tu conocido «Pronto Manuel» y me cuentas que en tu teletexto italiano aparece la noticia de que han aclarado algo sobre casos de doping o, si se prefiere, de aquellas sustancias psicotrópicas de las que me han estado culpando durante siete años. Siete años en los que he mantenido que simplemente nunca hice nada malo. Puedes decir lo que quieras, puedes decir que no hiciste nada, que fuiste tú, tú, tú y tú y tu abogado quienes hicisteis el estropicio... Pero el primer día que alguien me señaló y dijo: «Tú eres malo», tú te pusiste de mi lado y me acompañaste, y a la gente que le pasan estas cosas no las olvidan, y tú y tu bendito azar pulsasteis el botón del teletexto y me mostras-

Aquest atzar és el regal, el títol més gran que com esportista he assolit mai. I mai no n'assoliré un de més important. Ho dono per fet.

Aquí estic, Manuel Estiarte. Amb «u» s'escriu. Amb l'última vocal. Fent-te companyia. Sempre que tu ho vulguis. M'angoixa fallar-te i lluitaré per no fer-ho. No oblidis mai que estic aquí. Hi sóc.

T'estimo.

Pep

teis el camino a seguir para que al cabo de siete años quien me señaló dijera que yo «No soy malo». Que era buena gente. Sí, fue el azar. Ciertamente, fue él, pero tú creías en mí, creíste en mí y por esto tuve suerte. Me la regalaste. Bienvenida.

Esta suerte es el regalo, el mayor título que conseguí en mi carrera deportiva. Nunca alcanzaré otro tan importante como este, lo aseguro.

Aquí estoy, Manuel Estiarte. Escrito con «u», con la última vocal. Acompañándote. Siempre que quieras. Me angustia fallarte y lucharé por no hacerlo. No te olvides nunca de que estoy aquí. De que estoy aquí.

Te quiero.

PEP

A mi hermano Albert le adelanté un par de capítulos de este libro para ver qué le parecían. Me envió el siguiente SMS:

HE ACABAT DE LLEGIR FINS EL CAPÍTOL DE LA ROSA... NOMÉS PUC DIR QUE T'ESTIMO AMB TOTES LES MEVES FORCES. GRÀCIES EN NOM MEU, DEL PAPA, DE LA MAMA I DE LA ROSA.*

Con esto me basta para sentirme bien y estar contento por haber escrito este libro.

* *He terminado de leer hasta el capítulo de Rosa. Sólo puedo decirte que te quiero con todas mis fuerzas. Gracias en mi nombre, en el de papá, de mamá y de Rosa.*

Preludio

Si a un niño como lo fui yo o cualquier deportista, le preguntas qué querrá hacer en la vida, te contestará:

«Quiero hacer deporte.»

Vale. Y qué más.

«Quiero ser el mejor.»

Y qué más.

«Quiero jugar con la selección.»

Un deseo más.

«Jugar unos Juegos Olímpicos.»

OK

«¿Puedo pedir más? Que los Juegos Olímpicos se celebren en mi casa, con mi gente.»

Así fue.

1
El partido perfecto

8 de agosto de 1992

Vamos sobrados de alegría en el vestuario, somos subcampeones olímpicos, vamos a jugar la final.

No sé qué estamos celebrando más, si vamos a jugar la final o si ya somos subcampeones olímpicos; todo es fiesta y abrazos en la propia piscina, el sueño se ha cumplido; y es que, caramba, ya estamos en la final y el vestuario es una fiesta.

Pero el partido que se acercaba no era como los demás y poco a poco íbamos haciéndonos conscientes de ello cuando nos reunimos en la Villa Olímpica, la tarde previa a la final.

Estábamos tensos. No sé si más o menos tensos –porque la tensión ni se puede medir ni recordar con gran precisión–, con mayor o menor presión de la que habíamos sufrido antes, en dos finales internacionales anteriores en las que habíamos perdido frente al mismo equipo, Yugoslavia, en Atenas y en Perth en 1991.

Simplemente «llegar» a esas finales ya había sido un éxito porque era la primera vez en la historia del waterpolo español que un equipo de la selección llegaba a una final olímpica.

Veníamos de un equipo que tiempo atrás se había movido entre los lugares sexto y noveno; bueno, en Moscú tuvimos un cuarto lugar porque a causa del boicot faltaban participantes de primera línea, pero... Bueno, también un cuarto lugar en Los Ángeles, un sexto en Seúl, pero nunca habíamos dado aquel salto definitivo que nos permitiera decir: «Ojo, estamos entre los mejores, pero de los mejores de verdad, esos que cuando la gente los mira, dice: 'Mira, la selección de España, éstos sí que son jugadores de verdad'». En cambio, en 1991 ya habíamos dado ese salto. Habíamos jugado contra Yugoslavia y perdido por un solo gol (pero habíamos perdido). Sin embargo, llegar a aquella final ya había constituido un logro histórico.

* * *

Pero ésta era de verdad la gran final: Barcelona '92, en casa, junto a nuestra gente, nuestro público, nuestros seguidores. Todos teníamos en la gradería a los padres, los hermanos, las esposas, las novias, los hijos...

Era un partido distinto de todos los demás. Por mucho que la gente repita esas frases deportivas del tipo de «Todos los partidos son iguales», «Hay que afrontar todos los partidos con el mismo espíritu...». Todo esto son frases para relajar a los jugadores o, mejor, para que la presión que sufren no sea tan grande. Frases como «Sal y disfruta», «Aquí venimos a pasárnoslo bien», «Tranquilos, no es más que un partido»... No es verdad. Estamos a punto de jugar una final olímpica, nos acabamos de clasificar para la final.

Hemos ganado a Estados Unidos por 4 a 2, semifinal olímpica, piscina Bernat Picornell. Toto lo ha resuelto con un partidazo, Jesús lo ha salvado todo en la portería, todo el equipo ha ido a por todas, contra un equipo como el de Estados Unidos que hace un año nos ganó, en un campeonato muy importante, en esta misma piscina Bernat Picornell y que ha llegado a los Juegos Olímpicos como favorito en waterpolo.

¡Dieciocho mil personas en las gradas! Pero esto todavía no lo sabíamos.

La tensión de la espera

Estamos en la víspera. Estamos en la Villa Olímpica de la que nuestro entrenador croata no nos permite salir bajo ningún concepto; tanto, que ignoramos por completo el ambiente olímpico de la ciudad; sólo conocemos lo que nos cuentan, fascinados, los compañeros de las otras disciplinas deportivas. Hasta hoy, sólo hemos salido de la Villa Olímpica de la Mar Bella para ir a entrenar a la piscina, en Montjuïc. Nos recoge un autobús en el interior de la Villa, nos deja en la piscina, allí nos vuelve a recoger y nos devuelve al punto de origen, sin ninguna parada intermedia. Sin ningún permiso para nadie. Forma parte de la salvaje disciplina de sufrimiento físico y espiritual que nos impone nuestro entrenador.

Estamos, pues, en la víspera. Mañana se clausuran los juegos. La última competición de equipo es nuestra final de waterpolo; cuando haya concluido y se hayan impuesto las medallas a los vencedores –nosotros en primer lugar, o en segundo–, empezarán a llegar al estadio los primeros atletas de la maratón y, a continuación, se celebrará la ceremonia de clausura. Seremos el último equipo competidor de los juegos de la Olimpíada que se ha celebrado *en casa.*

Llegan desde la calle los gritos alborozados de los seguidores del fútbol, España ha ganado la medalla de oro y hay celebraciones por todas partes. En nuestra reunión, uno apunta que quizá mañana también nosotros estaremos así, otro le manda callar «porque trae mala suerte».

Éramos muy supersticiosos, estábamos tensos.

Fue una larga noche.

Hubo quien se encerró en su habitación pensando en el partido del día siguiente, quien se quedó charlando... Nuestros apartamentos tenían cinco habitaciones dobles, de modo que en cada uno de ellos vivían diez o doce miembros del equipo. Es decir, prácticamente vivíamos todos juntos.

En deporte, la posibilidad de perder siempre es real, está ahí como una sombra. No hay que soñar con ella pero sí tenerla presente.

Yo me quedé en el salón, hablando. Soñábamos. Lo que me pasaba a mí era lo mismo que les ocurría a todos los demás: soñábamos con los ojos abiertos, soñábamos en silencio cómo teníamos que jugar, qué pasaría si ganábamos, cómo íbamos a celebrar nuestra victoria.

¿La posibilidad de perder? En deporte esta posibilidad siempre es real, siempre está presente, no soñábamos con ella, pero la teníamos presente. Estaba allí como una sombra.

Pero es que habíamos hecho unos Juegos Olímpicos tan espectaculares, no habíamos perdido ningún partido, sólo habíamos empatado uno, siempre habíamos tenido la piscina llena de nuestro público. Lo habíamos ganado todo, no fácilmente porque decir esto sería faltar al respeto a nuestros adversarios, sino todo lo contrario: habíamos ganado bien, convencidos. Seis goles, cinco goles, tres goles...

Bien, no se podía decir que habíamos sufrido muchísimo. La semifinal contra Estados Unidos, que, como el nuestro, era un equipo claramente candidato a la medalla de oro, la ganamos por 6 a 4... Habíamos jugado como los ángeles, lo habíamos hecho convencidos...

Y estábamos por fin allí, la víspera del gran combate. Era el 8 de agosto, un día muy especial para mí porque es el cumpleaños, a la vez, de mi hija mayor y de mi hermano Albert. Era un día claro, luminoso y no muy agobiante de calor para esa fecha; era un día perfecto, aunque no para mí. Por motivos míos, una climatología así no era buena; sin embargo...

Estábamos en un sueño. Nos levantamos por la mañana, habiendo dormido poco, como un hato de nervios cada uno de nosotros, sin hambre para desayunar, ni para comer.

Mirabas a tu compañero y no hacía falta hablar porque estabas tenso, a punto de afrontar algo fantástico y terrible a la vez: en el fondo, lo que siempre habías soñado.

Este partido distinto de todos los demás

No era, pues, un partido como los demás, hay que insistir en esto: no era un partido como los demás, no lo era. Era mejor, era más grande, era más hermoso, tenía una mayor plenitud..., y nos habíamos preparado mucho para él. Habíamos luchado mucho, habíamos llorado mucho, habíamos sufrido mucho, habíamos disfrutado mucho.

Yo estoy convencido de que ningún equipo, ninguno, se había preparado más que nosotros; lo digo con el mayor orgullo. Puedo conceder a duras penas, y para ser humilde, que algún equipo se hubiera podido preparar igual que nosotros: igual quizá sí, pero más no, no me lo creo, que me lo demuestren. No sufrieron como lo hicimos nosotros. Un entrenador nuevo que nos llevaba desde hacía dos años, con unas extralimitaciones, con una dureza, con una intensidad, con un más, más, más, más, de acabar locos.

El calentamiento previo al partido sí que fue como todos los demás. Los calentamientos se ejecutaban en una piscina cubierta adjunta a la principal, situada en un estrato más alto y separada de ésta por unas escaleras y un largo túnel umbrío. Teníamos a nuestros rivales italianos al lado. En waterpolo siempre se procede así: la piscina de calentamiento se divide en dos y cada equipo dispone de su propia mitad. En cada extremo hay una portería y la sesión dura, normalmente, media hora aproximadamente.

Recuerdo detalles, y veo que este calentamiento sí fue como todos los demás. Me tiré al agua como me tiro siempre, nadé como lo he hecho siempre, los ejercicios fueron más o menos los de siempre, algo muy automático. Se forman los grupos, unos empiezan calentando los brazos lanzando balones al portero mientras otros calientan realizando *sprints*, otros mediante pases, todos se van moviendo en el espacio destinado al propio equipo. La mecánica era la misma de siempre, las sensaciones, no. Aquella sensación de que faltaba menos, cada vez faltaba menos para llegar, falta menos para que empiece, falta menos...

Hubo otras cosas que también sucedieron como siempre y en todos los partidos: Jesús y yo encontrándonos en los lavabos, por ejemplo, porque teníamos que vomitar. Siempre, en todas las competiciones, a Jesús y a mí la tensión previa nos provocaba náuseas; algunas veces lo habíamos intentado controlar pero todavía era peor, porque entonces vomitábamos donde no teníamos que hacerlo. De modo que, antes o después del calentamiento, nos encontrábamos Jesús y yo en los lavabos resolviendo nuestras propias arcadas las más de las veces infructuosas porque habíamos comido poco o nada. Era algo natural, ya no entraba en la cuenta si uno se encontraba bien o mal, sucedía siempre, como a otros les urgían otras necesidades. Era nuestro modo de desahogar la tensión previa al partido, cualquiera que fuera su importancia.

Estoy convencido de que ningún equipo se había preparado más que nosotros; igual quizá sí, pero más no, no me lo creo, que me lo demuestren.

Como siempre también, los árbitros nos llamaron a mí como capitán y al capitán del equipo italiano para cumplir con el ritual de advertirnos que jugáramos bien, que controláramos el comportamiento del equipo, etcétera, etcétera. Y nos pusimos en formación.

Mis recuerdos son siempre en color o en blanco y negro. No podría decir si el calentamiento había sido en color, si el entorno era oscuro o verde, o de qué color. Pero la formación sí la veo clara, a partir de aquí sí recuerdo todos los detalles.

Los dos voluntarios de la organización de los juegos nos preceden con las banderas italiana y española preparadas; nosotros ya nos hemos embutido en los albornoces. Descendemos por unas escaleras que nos han de conducir a la piscina oficial donde jugaremos la final de unos Juegos Olímpicos, y en la que nos espera la gente a la que nosotros todavía no hemos visto.

Se había jugado la competición por los puestos tercero y cuarto, habíamos escuchado el rumor del público y los pitidos arbitrales que resonaban, pero no habíamos visto nada.

Ya no hay marcha atrás, ya hemos hecho el calentamiento, ya no queda nada más que hacer. Cuando estás en una tensión como ésta, siempre piensas: «Bueno, aún queda un día, aún queda una mañana, aún queda el traslado final en el autobús, aún queda el calentamiento para soltarte, aún me queda el último toque, aún queda...», o piensas que... No. Ya no hay marcha atrás. El momento ha llegado, ya no puedes escapar. Ni lo quieres, por supuesto; estamos tan contentos, tan nerviosos, tan convencidos de que ésta es nuestra oportunidad y de que vamos a enfrentarnos a ella...

Estamos aquí, en formación. Hay quien apenas se ha secado, hay quien lleva el albornoz cuidadosamente abrochado y quien lo lleva como colgando de un perchero. Detrás de los dos voluntarios van los dos árbitros, detrás de cada uno de ellos, el capitán de cada equipo y detrás, en hilera, el resto de jugadores.

El ruido

Los árbitros se vuelven hacia nosotros y nos dicen: *«OK»*, y sí, estamos preparados, y nos ponemos en marcha en silencio. Este silencio no es normal en nosotros, nuestro equipo es de los de «Venga, vamos» y una palmada, pero este partido no es como los demás y lo anuncia este silencio.

Recuerdo perfectamente que en la piscina de calentamiento había ruidos: gente de la organización, idas y venidas, y demás, pero en el momento en que nos ponemos en formación, descendemos las escaleras y enfilamos el túnel que nos ha de llevar a la piscina, el silencio lo ha llenado todo, no hay más gente de la organización que los dos discretos voluntarios que nos preceden, no se oye más que un ligero rumor procedente de las graderías de un público tranquilo que no nos ve y no está aclamando a nadie.

Un silencio total. Me acuerdo del color de las paredes, de las gotas de humedad pendiendo de los baldosines, de la penumbra del túnel, pero, sobre todo, del ruido de nuestras chancletas. El waterpolista va a la batalla con un gorro, que es obligatorio, un albornoz con el que se cubre, el bañador y las chancletas de agua.

El ruido de las chancletas no lo percibes nunca porque, siempre que las llevas, estás entre muchos otros ruidos, pero si las llevas puestas en un lugar quieto, las oyes. Ese día, al cabo de años y años de práctica del waterpolo, yo percibí el chasquido de las chancletas. Atravesábamos el silencio del túnel en el que sólo resonaba el clac-clac-clac de veintiséis pares de chancletas correspondientes a los trece jugadores de cada equipo.

Era el impresionante ruido de los gladiadores cuando van a la lucha, el de los deportistas, qué caramba: era nuestro propio ruido acercándonos al campo de batalla. Todo lo demás era silencio, todo lo demás era silencio. Y cuando llegábamos al cabo de este túnel eterno y que a pesar de serlo yo quería que durara otros tres kilómetros porque tenía miedo escénico, ya me encontraba bien allí, aquello era *cupo,* como llaman los italianos a un lugar sombreado, ya no quería seguir adelante porque no sabía qué nos esperaba ahí fuera. Y las chancletas clac-clac-clac resonando.

El árbitro nos detiene. El túnel tuerce hacia la derecha, donde suponemos que está la puerta final porque de allí procede la luz deslumbrante de la tarde de agosto y el rumor del público que espera. El tiempo se alarga inmensamente, mientras los voluntarios deben de estar esperando una señal del exterior que les indique que debemos reanudar la marcha.

Este momento: diez o quince segundos eternos de silencio antes de que pasara algo que tengo clavado aquí dentro para siempre. Estamos esperando, hemos calentado, estamos bien, tenemos miedo, claro que tenemos miedo, es normal, yo no me creo esa tontería de que el equipo no ha de tener miedo, claro que ha de tener miedo el equipo, el miedo no te debe echar para atrás, pero tú debes asumir tu miedo, has de respetarlo, has de ser responsable, al miedo hay que hacerle frente con valentía, con convencimiento, y jugarás con todas tus capacidades.

Claro que hay que tener miedo, pero no debe echarte para atrás, debes asumir tu responsabilidad y respetarlo, hacerle frente.

En este momento,

«¡Vamos, coño, vamos, vamos a comernos a estos comepizzas!»

No. No. No. No.

«¡Vamos, coño, vamos, vamos a comernos a estos comepizzas, estos cabrones!»

No. No. No. No. Esto no. No hay que hacer esto.

Estábamos tan tensos que alguien de nuestro equipo, para motivarnos a nosotros, sus compañeros, porque aquel túnel había sido tan duro, tan hermoso, tan silencioso, temió que nos quedáramos dormidos. No comprendió que era imposible que alguien se quedara dormido antes de un partido como aquél.

«¡Vamos, venga, venga!» –empezó a gritar.

Fue como si se le hubiera disparado un automatismo. Este jugador nunca pretendió faltarle al respeto al otro equipo, sino que exclusivamente pretendía animar a su equipo. Y fue como iniciar una cadena. En cuanto dijo: «¡Vamos!», el jugador que le precedía empezó también: «¡Venga, sí, vamos!», y otro: «¡Sí, coño, sí, a por estos cabrones!», y hete aquí que treces tíos en fila empezaron a volverse y a gritar con palabras más o menos libres, más o menos contenidas, más o menos ofensivas, cada uno a su manera, más o menos irrespetuosos para con el contrincante. Yo también me añadí. Era inevitable. Es que explotas. Bajo la presión a la que te encuentras, explotas.

No. No. No, no, no, no, no.

¿Por qué los italianos no nos hicieron lo mismo? Lo pensé entonces: «¿Por qué no nos contestan?».

Permanecieron mudos. Sólo nos miraban.

¿A qué venía provocarles más? ¿Para qué darles algo, darles pie a algo? No le des nada a tu rival; tú ni ganas ni pierdes faltándole al respeto a un contrario; al revés, le das pie a él para que se levante con más fuerza.

Ellos o lo tenían muy claro o también tenían mucho miedo. Su silencio demostraba que estaban muy seguros de sí mismos, pero también podía ser un indicador de que simplemente nos estaban estudiando, pero ¿por qué darles motivos para que nos desprecien, o se encabriten más con nosotros?

No le des nada a tu rival faltándole al respeto; tú ni ganas ni pierdes, sino que, al revés, le invitas a que se levante con más fuerza.

Yo a los italianos los conocía bien; para la Olimpíada de Barcelona ya llevaba ocho temporadas jugando en equipos italianos. En aquella selección a la que nos íbamos a enfrentar había cuatro compañeros míos del equipo italiano; a los demás los conocía a todos porque jugaba en su liga profesional, durante ocho temporadas había jugado con ellos y contra ellos. Una escena como aquélla no la habían representado nunca los italianos ni los yugoslavos, pero nosotros explotamos: «Venga, vamos, vamos». Y en nuestro momento de la máxima euforia, de la máxima agresividad y la adrenalina subida al tope, ellos callados: ni un solo gesto de menosprecio, ni un amago de contestación, porque entendían perfectamente lo que estábamos diciendo: nada.

Ellos, callados: ¿autoridad, seguridad, miedo? Repito que no lo sé.

En aquel momento, el árbitro se vuelve hacia nosotros y nos dice: «*Are you ready?*».

Entonces... Es inexplicable. Hay jugadores de fútbol que lo viven cada fin de semana, hay gente que por su trabajo lo vive con frecuencia, nosotros lo vivimos en aquel momento: la sensación que percibes antes de penetrar en un estadio (en este caso, la piscina) en el que el público es todo tuyo (excepto una parte perfectamente identificable de los seguidores del contrario) porque el suelo que pisas es el suelo de tu casa y la gente que te espera es tu propia gente.

En el momento en que cruzas la gran puerta que está al final del túnel, a la derecha, tu campo de visión va de menos a más. Ves la luz, te acercas a ella, penetras en ella, y automáticamente, a cada paso que das ves un nuevo plano más amplio: lo primero que ves es el agua, un gran primer plano de agua que se abre hasta la gradería, vas viendo grada sobre grada ampliándose.

Has cruzado la puerta y te ves rodeado por dieciocho mil personas que, en cuanto te ven, levantan un clamor. Fue un momento fantástico, el momento que nos merecíamos porque nos habíamos preparado, que esperábamos; ese momento en que experimentas que se te ha puesto todo el cuerpo en carne de gallina, el momento en que te dices: «Hostia, qué bueno eres, qué buenos somos y cómo nos quiere la gente». Ya no pensábamos en los italianos, ya no teníamos miedo.

Y ya quieres empezar, ya quieres que tu contrario se pique, marcar goles, ayudar al compañero, que el equipo funcione.

Ya está.

Ha empezado el partido

Perdemos por 1-0.

Perdemos por 2-0.

Nos miramos, nos gritamos, nos abroncamos, nos decimos: «¿Qué está pasando?», nos preocupamos.

No nos estamos hundiendo.

No hace falta entrar en cada detalle del partido, porque es waterpolo químicamente puro, es deporte puro, y esto significa que de 2-0 pasamos a 2-1, de 2- 1 a 3-1, 4-1, perdiendo... Significa que estábamos perdiendo el partido, que se nos escapaba, pero no nos hundimos. Un partido que remontamos.

Un partido en el que conseguimos meternos gracias al esfuerzo de Toto, Jesús y Miki, quienes nos empujaban; no había manera de llegar adentro, no había manera de marcar goles fáciles, de modo que ellos los clavaron desde el exterior del área.

A estas alturas ya no me interesa rememorar qué táctica empleamos en qué momento del partido, y no creo que le interese a nadie. Pero era deporte puro, duro, dureza, golpes, sangre, a mí me partieron la ceja. Hoy, en cualquier deporte, si sangras tienes que abandonar de inmediato el terreno de juego. En el '92, esta norma todavía no existía, de modo que, si te hacías daño, esperabas a que terminara el tiempo, o el partido, y en paz.

Aquel partido lo tenía todo. Perdíamos, remontábamos, se nos escapaba, empatábamos. En la segunda parte fallé un penalti.

El público no nos abandonó, estaba con nosotros. El partido de waterpolo se compone de cuatro partes; fueron cuatro partes increíbles. Y empatamos.

El partido perfecto es el que se empata: si los dos equipos son igual de buenos, lo lógico es el empate. Y nosotros éramos buenos. Los dos equipos lo éramos.

El partido perfecto. Obviamente, para los que estamos en el agua, el partido perfecto es el que se gana, pero para quien lo contempla desde fuera, el partido perfecto es el que se empata: si los dos equipos son igual de buenos, lo lógico es el empate. Y nosotros éramos buenos, los dos equipos éramos muy buenos.

Los italianos jugaban con una gran serenidad; los italianos saben jugar. Lo mejor de los italianos es que, cuando compiten en un deporte colectivo, tienen un algo que los hace especiales, y nos hicieron frente a la perfección. Jugaron muy bien. No se atemorizaron, se colocaron por delante, aguantaron los resultados, aguantaron provocaciones, con espíritu y carácter, con agresiones...

Como nosotros. Nosotros no éramos víctimas. Nosotros también agarrábamos, pegábamos, empujábamos, recuperábamos, remontábamos. Nadie, ningún equipo hubiera podido recuperar este partido; nosotros lo hicimos.

Aquel partido lo tuvo todo.

Empatamos y aquí estamos, y ellos también, dando la cara, también nosotros.

¿Alguien de nosotros, la víspera, había pensado en la posibilidad de empatar? ¿Lo había pensado alguien en el túnel de los chasquidos de las chancletas? ¿Existía realmente esta posibilidad tanto para los italianos como para nosotros? Yo creo que nadie. Uno había pensado: «Si gano, iré a darle un beso a no sé quién», y el otro: «Si pierdo, me esconderé»... Pero, ¿empatar? Yo no recuerdo a nadie que hubiera preguntado: «Joder, ¿y si empatáramos...?».

Las normas, en aquella época, eran que, en caso de empate, se jugaban dos prórrogas enteras –de tres minutos cada una– que había que completar tanto si alguien iba ganando como si seguía el empate. Estamos hablando de tres minutos de tiempo activo de modo que en las incidencias, faltas, etc., el reloj se detenía. No era mucho, aunque con las interrupciones pudiera parecerlo, de modo que recibir un gol en este tiempo siempre resultaba sumamente delicado, porque apenas quedaba margen para recuperarse.

Los dos tiempos de la primera prórroga fueron los más importantes. Esto es lo que pasó en ellos: 0-0 la primera, más de lo mismo. Nuestro entrenador no era persona de grandes ni pequeños cambios tácticos; era un entrenador de «Venga, venga, venga; presión, presión, presión». *Pressing* o *zona*. Pero quienes nos animábamos mutuamente éramos nosotros mismos.

Estábamos muy cansados. Ellos también. Humanamente, una competición olímpica supone un esfuerzo tan grande que, cuando llegas al final de un partido como éste, normalmente ya estás más muerto que vivo; pero ahora, con el empate, teníamos que continuar con la misma presión y jugándonos lo mismo que si no hubiéramos hecho nada en todo el partido: la medalla de oro, la victoria, el sueño realizado. Pero allí estábamos. Nadie en ningún momento del partido dijo: «Ya no puedo más». Era imposible que alguien se quejara por el cansancio, era imposible: todos estábamos allí hasta la muerte, todos estábamos convencidos.

Cuarenta y dos segundos de gloria

Estamos agotando esos tres minutos de prórroga. Quedan cuarenta y dos segundos. Penalti a favor.

El corazón se me detuvo. Está claro que no miré para atrás por si había algún jugador que quisiera tirar el penalti. Yo había fallado ya uno. Pero estaba claro para mí que el equipo quería que yo tirara este penalti. Lo tenía que tirar yo, siempre había sido así. Había fallado muchos a lo largo de mi carrera y en ese mismo partido, en la segunda parte de una final olímpica, también había fallado uno. Pero no había discusión.

Yo tenía que cargar con esta responsabilidad. Quizás en otras ocasiones de mi vida me había librado, o tenía que haber compartido las oportunidades, otras veces tenía que haber sido más generoso y compartir muchas más cosas, y no estoy hablando exclusivamente de penaltis, sino de juego, de compartir y dar juego a los compañeros.

Este penalti no lo debo dejar para nadie más. Y no se trata de una cuestión de gloria, ni de prestigio, ni de vanidad, esto es lo último que me pasaría por la cabeza ahora. Soy el capitán del equipo y debo cargar yo con esta responsabilidad, no tengo que descargar este peso sobre los hombros de ningún compañero mío. Si marco, será normal; si lo fallo, será mi culpa: hay poco que ganar y mucho que perder. No puedo decir: «Oye, que yo ya he fallado uno: Chava, tíralo tú»; por supuesto, Chava hubiera ido, el madrileño Chava, con un par de... como los de él, no lo hubiera dudado ni un instante. Si se lo digo a Toto, ¡uau!

Pero el capitán no podía ni quería traspasarles esta responsabilidad. Cuarenta y dos segundos. El enorme marcador señalaba los restantes cuarenta y dos segundos de juego.

Soy el capitán del equipo y debo cargar yo con esta responsabilidad. Si marco, será normal; si fallo, será mi culpa: hay poco que ganar y mucho que perder.

Mi ceja está sangrando y yo, solo. El punto de penalti se sitúa a cuatro metros de la portería. Estás solo frente al portero. Por norma, tus compañeros no pueden estar cerca; los contrarios tampoco, pero los italianos se saltaban una norma que no existía en el waterpolo italiano. Se acercaban a provocarme. Todos me conocían, algunos eran compañeros míos en el Pescara. Me provocaban en italiano y yo les entendía muy bien:

– *Manel, lo sbagli...*

– *Non hai le palle...*

– *Francesco te conosce e te la para...*

– *Oggi n'sbaglierai due...*

O sea, más o menos:

– Manel, lo fallas...

– No tienes c...

– Francesco [su portero] te conoce bien y te la va a parar...

– Hoy habrás fallado dos...

...El árbitro tuvo una actitud muy inteligente y pitó rápido para que las cosas no se complicaran. A veces los árbitros esperan a que todo el mundo esté en la posición reglamentaria y cada segundo que pasa es largo como un siglo, pero esa vez no; sólo dejó diez o quince segundos –que ya son una eternidad–, pero en una situación normal podía haber pasado un minuto o más, y eso era precisamente lo que buscaban los italianos.

Cuarenta y dos segundos y éramos campeones olímpicos.

En el momento de tirar, el silencio se había adueñado de la piscina. Un segundo después, la piscina se vino abajo. Por primera vez en todo el partido, nosotros éramos campeones olímpicos. Esto es lo que tiene el deporte: en un segundo tienes el silencio, la emoción, los nervios del público, el miedo, la tensión, y en la segunda parte de este mismo segundo la gente explota, todo el público está en pie, te vuelves y ves a tus compañeros con los brazos levantados, te vuelves un poco más hacia la izquierda y en el banquillo están todos abrazándose, no miro a la grada porque no estoy por la labor, pero oigo cómo ruge.

Esto es lo que tiene el deporte: en un segundo, el silencio, la emoción, el miedo, y en la segunda parte de ese mismo segundo, el público está rugiendo.

Por primera vez en todo el partido –y ya llevábamos más de dos horas–, éramos campeones olímpicos. Lo celebré un instante, porque no había tiempo para más, y así me liberé yo también de la tensión que había acumulado, porque había sido muy fuerte también lo que yo me acababa de jugar: Manel Estiarte, lo que decían ya de él, lo que era o no era, tenía que acertar el penalti y allí no había argumento posible. Y lo tiré (esto no lo sabe nadie todavía) al único lugar al que nunca había tirado un penalti en mi vida.

Nunca había tirado un penalti por arriba y a la derecha del portero; siempre lo había hecho hacia cualquier otro lugar. No tenía tiempo de pensar adónde tenía que tirar el balón para sorprender al portero, que me conocía muy bien, como me recordaban sus compañeros incordiándome. Me dije: «Lo tiro adonde no sé hacerlo» porque allí es seguro que el portero no se lo espera. Lo tiré mal, pero efectivamente al portero le pillé totalmente desprevenido.

Tiempo después el propio portero me lo explicaba en Italia: «Es que era imposible que tú tiraras por allí; habíamos visto doscientos mil penaltis tuyos en vídeo y ni uno fue por allí».

Sin embargo, nada de esto tiene la menor importancia. Lo único importante es que el equipo, este equipo, mi equipo está a cuarenta y dos segundos de ser campeón olímpico.

A continuación ocurrió algo que explica que un partido no lo ganas o pierdes por un único detalle. No perdimos porque yo fallara un penalti, o porque Toto se distrajera en una jugada importante en defensa, o porque Chava estuviera aguantando una otitis como podía. Ni ganamos porque yo marqué el segundo penalti, o porque Chiqui Sans lo había provocado en un momento clave; fue a él a quien hicieron el penalti, Chiqui Sans es un luchador, un tío con un carácter impresionante de lucha, de sacrificio; y en aquel momento, al cabo de seis partes, jugando en una posición muy dura, provocó un penalti de oro. O sea, no ganas ni pierdes por naderías, sino que ganas y pierdes por un conjunto de acontecimientos durante dos horas, y todo depende de tantas cosas: hay un equipo fantástico, que se llama Italia, y un equipo fantástico que se llama España.

Pero cuando me volví después del penalti y éramos campeones olímpicos, todo el equipo me estaba mirando; celebrando durante diez o doce segundos como mucho, porque no había tiempo que perder. No tienes tiempo para más.

Diez o doce segundos son, por lo menos, el tiempo que necesito para recorrer el espacio que media entre el punto de penalti y el centro del campo; allí había que sacar y defender. Si defendíamos una sola pelota, no dos o tres o cinco, no dos minutos o tres o veinte..., una pelota, si recuperábamos una sola pelota, éramos campeones olímpicos. Quien repase la estadística de todos los partidos verá que recuperas entre seis y siete pelotas por cada gol que marcas. Es un porcentaje importante: si recuperamos una sola pelota, somos campeones olímpicos.

Lo que sigue, sucedió en cinco segundos.

Primer segundo. El equipo sabe que somos campeones y está celebrando el gol mientras me desplazo. Pero ¿por qué me están mirando a mí? ¿Por qué no se vuelven hacia el banquillo en espera de instrucciones? Es allí donde hay que decidir cómo defendemos esta última pelota.

Yo sí miro al banquillo. Si algo he aprendido en los muchos años de waterpolo que llevo encima es disciplina, respeto a la autoridad. El entrenador sale del banquillo y se dirige al centro del campo. ¿Por qué no llama a todos los jugadores? El entrenador me mira a mí y me dice: *«Pressing, pressing, pressing*. Hombre a hombre». Lo que significa: cada uno al suyo sin contemplaciones.

El corazón se me partió en dos. ¿Por qué, por qué tuvo esa sensación mi corazón? ¿Por qué había algo en mi interior, una sensación que me duró cinco segundos? Yo tuve, y conservo, la capacidad de reducir a sensaciones instantáneas una serie de razonamientos que podrían ocupar un tiempo mucho más largo. Este fue mi principal don como jugador: yo poseía la capacidad de ver las cosas antes de que acontecieran: el compañero que se encuentra solo, lo que funcionará y lo que no saldrá bien; como jugador, no era perfecto: era pequeño, me faltaba fuerza física, pero esta facilidad, este don sí lo tenía, sin duda.

Segundo segundo. Comprendí que *«Pressing»,* no. No. No. Nunca. Nunca. Nunca. Estamos ganando. Tenemos el mejor portero del mundo, no le meten un gol ni por asomo. Me acordé del final de un entrenamiento reciente, dos días antes del inicio de los juegos, cuando el míster anunció: «Se ha terminado», pero nos dio permiso para seguir un rato tirando al portero; nos quedamos Toto, Chava y yo, tres de los mejores lanzadores del equipo, a tirarle pelotas a Jesús; tirar significa los tres a la vez, con una sola pelota: nos la vamos pasando y lanzamos. Sin reglas, sin acuerdos, lo que significa que podemos amenazar, amagar, hacerte fintas las veces que queramos, podemos devolver la pelota a otro para que tire él o la devuelva a quien quiera, te vamos a volver loco, Jesús, no vas a parar ni una, ahora finto, la paso al otro, espero a que caigas para colocártela bien... No pudimos meterle ni un gol, yo al final lo quería matar, le arreé un pelotazo en la cara, no había manera; y encima él se coñeaba de nosotros: «Que estáis acabados, niñatas, que no tenéis...». Si en media hora le colamos cinco de ciento cincuenta tiros, ya es contar mucho.

No *pressing,* por tanto. Nunca. Con Jesús en la portería, no había que acudir al *pressing.*

¿Qué significa *pressing*? Que acabábamos de realizar un penalti y que probablemente el árbitro sería más riguroso con nosotros ahora. En waterpolo, con el *pressing,* aumentan las posibilidades de quedar en inferioridad numérica; con la zona, nosotros podríamos controlar a sus dos mejores jugadores, Campagna y Ferretti, y dejaríamos que los demás perdieran los cuarenta y dos segundos en intentos infructuosos: bajo la presión del momento, difícilmente acertarían a marcar.

Esto que es tan fácil de decir ahora, es lo que me decía el corazón en el segundo segundo.

Tercer segundo. El entrenador repite a todo el equipo lo que me acaba de ordenar a mí: «*Pressing, pressing, pres-*

sing». Y el equipo, que ya tiene una gran experiencia, lee lo mismo que yo y se vuelven todos hacia mí, no hacia él; están dudando.

Cuarto segundo. He aprendido una cosa en el deporte, y sigo pensando que es válida: en el deporte he aprendido la práctica, la intensidad. Con este entrenador aprendí mucho de esto: el noventa por ciento de su trabajo consistía en transmitir intensidad, siempre al máximo, sin pensar en nada más, defender-defender-defender, atacar-atacar-atacar, siempre con la máxima intensidad.

Con este entrenador y con esta manera nuestra de jugar con tanta agresividad, había aprendido que por más que en aquel momento la táctica de ataque o de defensa (sobre todo de defensa) no fuera la adecuada, si la realizábamos al cien por ciento de agresividad e intensidad, con la máxima convicción de que era lo que debíamos hacer, entonces el error que estaba cometiendo el entrenador no sería tan comprometedor. A ver si me explico bien: esto no es lo mejor que se podría hacer, pero si lo hacemos, hagámoslo a tope.

Quinto segundo. Así pues, yo tenía dos posibilidades: o seguir al entrenador por disciplina, o decirle que no, que se estaba equivocando, y dar mis propias órdenes al equipo con la seguridad de que éste seguiría mis instrucciones y no las de él. Me vuelvo al equipo y grito: «*Pressing,* hombre a hombre». Y el equipo, automáticamente se pone en marcha: me siguen, creen en mí.

Tres prórrogas a doble tiempo

A cuatro segundos del final, nos metieron un gol. No fue por esto; no fue porque Jesús no paró, no fue porque alguien falló un tiro... pero, qué queréis, aún me arrepiento de no haber atendido a mi corazón. Me defiendo diciéndome: «Fui disciplinado, convencí al equipo y el equipo me siguió, hubiera podido salir bien» (¡pero tampoco tengo certeza de lo contrario!). Pero yo sé que no nos hubieran metido el gol.

Volvemos a estar tocados. Final de las dos partes de la primera prórroga. Nos queda afrontar la segunda. Volvemos a estar empatados. El partido sigue siendo perfecto; qué partido tan perfecto, en el que te adelantas por un penalti y ellos te vuelven a empatar a falta de cuatro segundos. Y más. Si el público no hubiera sido mayoritariamente español, es decir, si se hubiera podido apartar la dimensión emocional de la competitiva, la gradería hubiera sido un festival de waterpolo puro: qué partidazo...

Un codazo de más

Estamos en la entre-prórroga. Cambiamos de campo y los entrenadores se cruzan también. Tienen todo el espacio del mundo para pasar de un lado a otro del campo. Nuestro entrenador, sin embargo, se acerca al contrario y como sin querer le endilga un codazo. No nos engañemos, el entrenador de los italianos es como el nuestro, al fin y al cabo uno es croata y el otro, serbio, tal para cual. Repito: más que nosotros, nadie se había preparado, pero más que ellos, tampoco; ellos eran muy buenos, no más que nosotros, pero sí como nosotros.

No necesitábamos un codazo en los banquillos, comó tampoco habíamos necesitado insultos en el túnel oscuro. Ya estábamos en tensión suficiente, ya estábamos a tope, no era necesario provocar más, porque él lo hizo para provocar, para mantener la tensión, siguiendo su propia táctica. Ciertamente, esto no influyó en el resultado del partido, pero tampoco fue un gesto inocente, ni siquiera inconsciente, conozco muy bien a este míster y sé que lo hizo para levantar más chispas.

¿Chispas? ¡Pero si estábamos en pleno incendio! ¡Si ya nos estábamos matando por ti, entrenador, por vosotros, padres, por el público! ¡Si seríamos capaces de dar la vida por esta victoria! Si alguien nos pudiera ofrecer la victoria al precio de un año de enfermedad, hubiéramos firmado todos sin dudarlo ni un instante... No hacía ninguna falta provocar de aquella manera.

¡El partido perfecto!
Tensión dentro y fuera de la piscina.

Es imaginable lo que ocurrió entonces: el otro entrenador también creyó que una tangana podía favorecer a su equipo, se giró y se liaron ellos dos. A continuación lo hicieron ambos banquillos, y nosotros, que salimos del agua en tromba más a defender a los nuestros que a separar a los contendientes... No pasó nada más, no hubo mayores agresiones físicas, los árbitros solucionaron inmediatamente la trifulca.

¡El partido perfecto! Tensión dentro y fuera de la piscina, episodio incluido no influyente, ciertamente, pero episodio al fin: espectáculo al completo.

Pero seguimos empatados y vamos a por la tercera prórroga de dos partes de tres minutos. Empatamos la primera. Estamos acabados, muertos, todos; hay menos goles porque el cansancio puede con los dos equipos. Claro que el fallo también puede ser debido al cansancio, pero es que aquí no falla nadie, ni ellos ni nosotros; por el cansancio hemos perdido algo de fuerza en el tiro, los *sprints* son menos rápidos, pero nuestra capacidad de tensión defensiva no ha decrecido y nadie encuentra la manera de meter un gol.

Segunda parte de la tercera prórroga. Sigue el empate y cuando falta un minuto o un minuto y medio, una jugada tonta, no había peligro alguno, nos hemos despistado, no tiene importancia por culpa de quién o por qué causa, nos hemos despistado. No les hemos regalado el gol, sino tan sólo una posibilidad de realizarlo. Y ellos son tan buenos que aprovechan la mera posibilidad y la convierten en gol.

Ha habido un cambio muy inteligente, el famoso Campagna tiene el mérito de hacer un pase muy inteligente, nosotros tenemos un instante de distracción, ellos han estado muy atentos y han de ser muy buenos: uno tiene que hacer el pase bien, el otro tiene que recibirlo muy bien también, luego tiene que posicionarse también bien y por último, que no es poco, ha de meterle un gol al mismísimo Jesús, desde muy cerca, pero le ha de meter el gol. Lo hicieron muy bien y volvieron a ser campeones olímpicos. Sólo pudimos hacer un ataque a falta de cuatro segundos, Miki Oca realizó un tiro fantástico y la pelota dio al palo y cayó al agua: palo y agua.

Palo y agua es deporte, es fuera, no es gol.

No somos campeones olímpicos. Han ganado ellos, se lo han merecido, no hay excusas.

Palo y agua. Palo y agua es deporte,
es fuera, no es gol.

Nosotros: para nosotros, un diez, el privilegio de haber participado en el mejor partido de la historia del waterpolo en una final olímpica. No ha habido otro partido mejor que éste.

Nosotros: reconocer que los italianos han estado a la altura en carácter, en capacidad, en calidad, en fuerza...

Nosotros: hemos perdido.

El sabor de la derrota

Tenía que volver al banquillo.

Estoy braceando para salir de la piscina y voy pensando: «¿Y ahora qué, Manel, y ahora qué? Has perdido».

Otra vez se apoderó de mí el egoísmo y no fui capaz de pensar: «Hemos perdido». Y seguí con mis oscuros pensamientos: «¿Y qué vas a hacer? Nunca más volverás a tener una oportunidad como ésta», en vez de: «Nunca más volveremos a tener una oportunidad como ésta».

En un momento como éste uno no se da cuenta de que ha terminado un partido excepcional, maravilloso, un partido que nadie nunca podrá criticar; en un momento como éste uno sólo se da cuenta de que ha perdido y le duele adentro. Me dolía el corazón, los huesos, la sangre, el cansancio; si hubiésemos ganado, no me hubiera dolido nada, ni siquiera la ceja partida que todavía sangraba. Pero me dolía todo porque sabía que no había nada que recuperar, que no podía volver el tiempo para atrás, que no podía decir: «Eh, que no vale, vamos a repetir», que esto ya no era un arreglo en el patio del colegio, sino una final olímpica que había perdido delante de los míos.

Cuando llegué al banquillo, ya había allí varios jugadores llorando, los demás estaban cabizbajos; me senté y me puse la cabeza entre las palmas de las manos con los codos apuntalados sobre las rodillas, intentando pensar sin poder hacerlo. Los pensamientos más duros ya habían cruzado por mi mente bajo el agua, mientras, sumergido, había atravesado a nado la piscina para abandonarla, y sólo escuchaba los ecos del agua: veinticinco metros nadando con mis pensamientos: «Has perdido, has perdido, qué daño, qué putada, no es posible, esto no entraba en la cuenta». En cambio, en el banquillo, en esas fotos de prensa en que se me ve con la cabeza entre las manos, ya no pensaba, estaba en otro mundo, sólo me daba cuenta de una cosa: de que no lloraba. A ver, yo soy muy emotivo, pero no de llanto fácil; lloro, claro está, pero sólo cuando el motivo me lo requiere; éste lo requería y, sin embargo, no lloraba. A lo mejor estaba demasiado cansado para hacerlo o la amargura no me lo permitía... En aquel momento casi me costaba respirar...

Los italianos aún estaban en el agua, se abrazaban, alborotaban, se dirigían triunfantes al sector de público reservado a sus seguidores... Se lo habían merecido. Y yo lo contemplaba desde fuera, como quien contempla el final de una película que no le ha interesado demasiado... En aquel momento yo no tenía sentimientos, ni emociones, estaba vacío, ésta es la palabra. Los demás jugadores iban saliendo del agua y se dirigían al vestuario; yo no era capaz ni siquiera de esto.

El capitán es quien, en momentos como éstos, ha de ir con los compañeros, darles una palmada, animarles. Yo no hice nada de esto, no podía. Pensaba que al día siguiente hablaría con ellos, en el próximo partido, ya les llamaría por teléfono... qué sé yo. Porque no podía ir y decirles: «Oye, no pasa nada», porque sí había pasado; ni «Has jugado muy bien», ya lo sabían que habían jugado muy bien; si les hubiera dicho: «No te preocupes», ¿qué me hubieran contestado? Preferí dejarles en paz con su derrota. Yo me había vaciado, ya no era el Manel-Estiarte-Máximo-Goleador, ni el Manel-Estiarte-Ay-qué-bueno-que-eres, ni el Manel-Estiarte-Líder, no era nada, era un ser vacío.

Cuando uno ha perdido, no se da cuenta de que ha terminado un partido excepcional, maravilloso, un partido que nadie nunca podrá criticar.

Es imaginable el temporal que reinaba en el vestuario: alguien rompió una silla contra la pared, alguien dio un puñetazo contra algo y se hizo un estropicio en la mano, había quien lloraba como un bendito, quien maldecía de todo. Y así, tanto como en el banquillo cuando me encontraba vacío, como en el vestuario, cuando se me contagió la rabia de todos, vacío y con rabia, yo continuaba sin llorar; y no porque no lo consiguiera a pesar de intentar desahogarme, sino porque se me habían perdido las emociones.

Hay algo que no sucedió en el vestuario y que quiero señalar; un hecho infrecuente en el deporte, cuando un equipo pierde y lo más fácil es volver la rabia contra quien sea: en nuestro caso, nadie, nadie del equipo se volvió a un compañero para recriminarle;

nadie dijo a nadie: «Sí, pero en aquella jugada...», «Sí, pero aquel tiro que fallaste...», «Sí, pero si en aquella ocasión me la hubieras pasado...», «Si en aquella otra hubieras levantado la mano...». Quizá porque todos estábamos vacíos y cansados.

Desafío a quien sea a que se le escape un partido y que en el vestuario no tenga nada que reprochar a un compañero.

En los días siguientes, en casa, ya en calma, sería normal que todos pensáramos en los fallos propios y ajenos, pero en aquel vestuario el equipo demostró un carácter extraordinario. Desafío a quien sea a que viva lo que nosotros vivimos, a que pierda como perdimos nosotros, a que se le escape un partido como aquél y que en el vestuario no tenga nada que reprochar a un compañero. ¿Rabia y lágrimas, histerismos? Todo lo que se quiera, pero el compañero es intocable. Esto me impactó, pude saborearlo, había pensado: «A ver si ahora alguien se desmanda y me tengo que levantar y aguantarme mi propio vacío y decir: "Caballeros, éste no es el momento"...».

Nada de esto fue necesario. Éramos nosotros mismos, nuestro equipo, nuestra familia que nos protegía a pesar de la derrota. Era como si se nos hubiera muerto alguien querido pero nos sostuviera el brazo de un padre, de un hermano.

A veces, en el equipo, hay cosas que te hacen sentir muy triste, pero a la vez muy protegido.

Bueno, nosotros queremos marcharnos de allí, pero los de la organización nos meten prisa para que nos enfundemos el chándal y nos dirijamos al lugar de la ceremonia de la entrega de medallas. El partido ha sido mucho más largo de lo previsto, el Rey lo ha presenciado, pero ya tiene que abandonar la piscina para presenciar la llegada de los vencedores de la maratón y presidir la clausura, de modo que hay que darse prisa.

Estamos saliendo, pues, del vestuario y volvemos a entrar en la luz de la tarde avanzada, de nuevo se abre ante nosotros la panorámica del agua y la gradería, el público nos ve y nos aplaude con fervor, pero nosotros sabemos que hemos perdido. Los más fuertes se mantienen más erguidos, pero los hay entre los nuestros que caminan abatidos y quienes todavía lloran; todos, serios. Caminamos hacia el podio los tres equipos: el vencedor, el segundo y el tercero.

Llaman a los vencedores.

El segundo cajón del podio

Siempre acontece algo muy curioso en los podios olímpicos.

El equipo vencedor está exultante, es todo felicidad: acaba de ganar en unos Juegos Olímpicos, en el deporte que ama y para el que se ha preparado a conciencia; está el equipo al completo y rodeado de amigos y admiradores.

El segundo equipo está muy triste, no diré que infeliz porque «felicidad» es una palabra demasiado grande como para trivializarla; el equipo, pues, está triste, cabizbajo.

Pero lo más llamativo es que el tercer equipo está casi tan contento como el primero porque, al fin y al cabo, acaba de ganar un partido, el de competición por el tercer cajón en el podio.

Lo contradictorio es que los del segundo equipo estén tan hundidos y, en cambio, los del tercero estén tan contentos; quizá no para tirar cohetes, pero contentos al fin.

La ceremonia de nuestra medalla de plata fue muy dura. Escuchar el himno de Italia... Ningún italiano nos faltó al respeto ni nos recordó nuestros insultos en el túnel de entrada a la piscina (ciertamente, después, a mí en concreto, cuando volví a mi equipo de Pescara, me lo recriminaron con razón en diversas ocasiones).

Volvimos al vestuario y el míster cumplió con el trámite rápido de devolvernos la libertad. Podíamos hacer lo que quisiéramos, marcharnos adonde quisiéramos, ni siquiera la obligación de la Villa Olímpica, o quedarnos a la ceremonia de clausura de los juegos. Cada uno se duchó, recogió su bolsa y se fue por su lado en silencio y sin formalismos.

Estoy solo saliendo del vestuario, duchado y en ropa de calle, con el vacío de emociones y la rabia todavía hirviendo en mi interior; me saludan los voluntarios, la gente de la organización, los auxiliares y apenas les correspondo con un movimiento de cabeza, sin detenerme. Estoy ya fuera y rodeado de nuevo por la gradería, en la que todavía permanecen un par de centenares de personas (pero quizás eran quinientas); me imagino que la mayoría son parientes o amigos de los jugadores.

Y entonces me sucede lo que en las panorámicas de las películas: de repente mis ojos sobrevuelan la multitud como en un *zoom*, enfocan con gran nitidez aquello que es más importante para mí y al instante todo el resto se desenfoca y pierde interés.

Todo el escenario se concentra en la presencia de mi madre con mi padre a un lado y mi esposa al otro.

Mis padres, que me llevaban a la piscina cuando yo tenía ocho años, que siempre han estado presentes, que en la vida no se han perdido ni un solo partido cuando lo he jugado en España, que siempre me han seguido humildemente, que nunca han entorpecido mi trayectoria, que se han cuidado mucho de ser de aquellos que presionan a sus hijos: «Has de hacer», «Has de conseguir», «Has de ser el mejor...». Siempre han confiado en mí, han sido, son los mejores padres del mundo.

Todo el escenario se concentra en la presencia de mi madre con mi padre a un lado, y mi esposa al otro.

Ahí están, esperándome como cuando yo salía de entrenar en la piscina, cuando tenía ocho años y era invierno en Manresa y salía con los cabellos mojados y hambriento, quería volver a casa, tenía frío. Están aquí, como entonces, pero después de una final olímpica, con dieciocho mil personas alrededor. Hemos perdido y ellos están aquí, esperando a su hijo; supongo que tristes, pero esperando que su hijo se sienta bien.

Mientras me acercaba a ellos por entre las vallas de protección, mi corazón empezó a volver en sí, a rellenar aquel vacío de cansancio y falta de sentimientos, empezó a latir, y a medida que me aproximaba latía más deprisa. Le di dos besos a mi mujer, otro a mi padre y finalmente, me eché en los brazos de mamá al tiempo que ella me decía, en plural: «Lo habéis hecho muy bien, tienes que estar contento». Era la frase que me había repetido a lo largo de la vida, tanto si había jugado bien como si no, ganara o perdiera, lloviera, nevara o hiciera sol: ella me daba un beso y me decía: «Lo habéis hecho muy bien, tienes que estar contento». Para ella no había diferencias; final olímpica o no, yo era su hijo, su hijo pequeño, y ella quería que me sintiera tranquilo.

Y cuando mamá me dijo de nuevo esas dos frases, bajé la cabeza y se me desataron de una vez todos los llantos; me daba lo mismo que la gente pudiera verme, lloré de verdad, no le dije nada, ni «Soy un perdedor» o «Somos unos perdedores», «Se nos ha escapado una oportunidad que nunca más tendremos en la vida», «Y ¿por qué, por qué he fallado?»... Nada de esto. Simplemente lloraba como cuando era pequeño, porque era esto lo que entonces necesitaba: que me arroparan quienes más me querían. Mi mujer y mis padres estaban allí y me decían que ya no me preocupara más.

2
Mi familia

Hoy el deporte tiene un cáncer que lo amenaza. Oh, Dios mío, qué palabra tan enorme: «cáncer». Dejémoslo en «ese problema tan grande que tiene ahora el deporte», y es el de la familia contemporánea tan atiborrada de imágenes y de reportajes en los que sólo tiene importancia el héroe mundial, el récord absoluto, el líder indiscutible a cuyos pies se arrodillan fotógrafos, cámaras y reporteros. Pero lo que pretendo yo es hablar de lo que me ocurrió a mí.

No me gustaba el agua

Conmigo, ¿qué pasó? ¿Qué suerte tuve sin darme cuenta porque era pequeño y formaba parte de lo que podía esperar de la vida?

Esto lo ves cuando pasan los años, creces y tienes hijos. Es entonces cuando caes en la cuenta de la suerte que tuviste. Yo tuve la suerte de contar con unos padres que querían que hiciera deporte en bien de mi salud, o porque los dos hermanos que me precedían –Albert, cuatro años mayor que yo, y Rosa, dos años mayor– también iban a la piscina. Ellos empezaron porque tenían que aprender a nadar, pero se fueron aficionando en el Club de Natació Manresa y yo me encontré con esto como con un destino normal que debía seguir.

Mi padre era comerciante y era presencia pura, autoridad (que no es lo mismo que severidad), carácter. Mi madre era ama de casa, una de esas madres que el mundo necesita a millones; de las de casa, de «te quiero, cocino para ti, te protejo», dulces, «difícilmente te riño aunque no dejo de decirte las cosas que tienes que oír», la madre que tienes al lado como soporte, cariñosa, constante... Todo el mundo dice lo mismo de la suya, pero yo la tuve así.

En cualquier caso, ellos decidieron que yo también aprendiera a nadar. Y yo lloraba como un bendito, porque ¡el agua no me había gustado nunca!

De mí se ha dicho que nado como un delfín, que soy un animal acuático, que nací para el agua. Me han colocado todos los títulos posibles relacionados con el agua... y, sin embargo, el agua no era lo mío. Yo quería boxear como lo hacían algunos en el gimnasio, y en la piscina no hacía más que llorar. Cuenta la leyenda familiar –iniciada por mi madre, que no se perdía ni un día de los cursillos de natación que practicaban sus hijos–, que un día de los de mis lloros inacabables, el monitor se puso nervioso y me tiró volando a la piscina. (Por supuesto, la pedagogía de aquel entonces no era la de hoy...) Mamá vio que su hijo volaba por los aires, caía a la piscina y el agua lo devolvía a la superficie... Y mi reacción, que no fue de volver a llorar, sino de sorpresa: «Ey, he salido fuera», y que nunca más a partir de entonces volví a llorar. Lo que en realidad sucedió no lo sé; mi madre siempre afirmó que yo había comprendido que, en el agua, uno flota; yo no estoy muy seguro de que no volviera a llorar nunca más para que el monitor no volviera a tirarme de aquella manera al agua...

El agua no era lo mío y en la piscina no hacía más que llorar, hasta que un día comprobé que, en el agua, flotaba.

En cualquier caso, lo que la leyenda cuenta es lo siguiente: que yo lloraba y lloraba hasta que comprobé que flotaba en el agua y que a partir de aquel día ya no lloré nunca más.

Pero la consecuencia fue la misma: Club de Natació Manresa, el club de mi vida. Hace un año que lo derribaron, porque se caía de puro viejo con sus setenta y cinco primaveras a cuestas; era la segunda piscina más vieja de toda España.

En la vida se me han perdido muchos recuerdos, otros se van desvaneciendo, pero hay algunos que los conservo nítidos, como si lo estuviera viviendo en este momento: entre ellos, los baldosines rotos que había en dos o tres lugares de la piscina y en los que nos advertían que anduviéramos con cuidado para no lastimarnos. Otro recuerdo es el del rincón donde nos metíamos para calentarnos, cuando íbamos a entrenar a las seis y media de la mañana, en invierno: en un punto concreto de la piscina se estaba más caliente porque al otro lado estaban las calderas, y esto lo aprovechaba yo en cuanto podía porque siempre he sido muy friolero. Veo claramente dónde estaban los vestuarios... El Club de Natació Manresa lo tengo grabado en la memoria. Me imagino que uno siempre recuerda bien su infancia; por lo menos, éste es mi caso. Mis padres nunca me dijeron: «Has de ganar», «Has de jugar mejor», sino: «Tienes que obedecer al entrenador», «Tienes que seguir las instrucciones del entrenador», o bien: «Si no te gusta la natación, te puedes dedicar a cualquier otro deporte»...

Yo notaba que a medida que pasaban los años crecía mi nivel de natación, cosa que a mis padres les llenaba de orgullo; todo hay que decirlo, a mi padre, más que a mi madre, ésta era más protectora, lo que quería de verdad era que su hijo fuera feliz. Mi padre tenía aquel punto de orgullo, siempre reservado.

Un ambiente sano para crecer

Pero, cuidado, nunca en los miles de partidos que mis padres presenciaron en el club, ya fuera como infantil, alevín, o con el equipo oficial de waterpolo, nunca perdí la concentración ni un segundo porque en las gradas ellos –que por lo demás eran de un carácter muy fuerte– discutieran con otros padres, me incitaran a la violencia o insultaran al árbitro...

Mis padres nunca me dijeron: «Has de ganar», «Has de jugar mejor», sino: «Tienes que obedecer al entrenador».

Esto fue una gran suerte para mí. Yo no crecí presionado, era yo quien quería ser bueno, era yo quien quería quedar primero en natación, era yo quien quería hacer bien las cosas, era yo quien me levantaba temprano con mi hermana y éramos nosotros quienes esperábamos en la puerta de la escalera a que pasara el entrenador con su viejo coche para recogernos... En la espera, aterido de frío, yo me sentaba en el suelo abrazado al termo de leche caliente que mi madre me había preparado, con el bocadillo, para después del entrenamiento. Y deseaba que el entrenador no pasara para volver al calor de la cama... (Pero esto sólo sucedió una vez en todos aquellos años).

Aquello era muy duro y se alargó durante toda nuestra infancia, pero eso hizo de nosotros aquel grupo que se tomaba la natación en serio y que entrenaba dos veces al día, por la mañana antes de ir al colegio, y por la tarde, a la salida.

Cuando yo era pequeño, en los primeros años setenta del siglo pasado, no tenía la presión de una televisión que me enseñara a todas horas las proezas de Michael Phelps o de Rafa Nadal. No tenía la presión de la tele para admirar al mejor nadador del mundo. Bueno, sí, estuvo Mark Spitz en Múnich '72, me quedé embobado con él. Pero no existía el actual bombardeo de imágenes e información.

Sin estas referencias extraterrestres, ¿qué es lo que aprecias y admiras porque es carne de tu carne y sangre de tu sangre? A quien ves cada día, con quien hablas cada día, cuyos pasos sigues cada día es tu hermano. Albert es el mayor, era muy buen estudiante y waterpolista. Él hacía waterpolo y mi hermana y yo, natación. A mí aquello de la pelotita no me acababa de convencer.

Ciertamente, los domingos por la mañana era ritual sagrado ir a ver a Albert con el equipo de waterpolo del Manresa. Él era capitán de los infantiles y empezaba a jugar con el primer equipo.

Albert es todavía hoy mi referente, mi motor, es el hombre más sano y puro del mundo, es bueno a pesar de que en la vida ha sufrido más que nadie. Cuando yo era pequeño, desconocía que él fuera bueno y puro, me bastaba con que fuera mi hermano mayor.

De la natación al waterpolo por un dedo roto

Pero él hacía waterpolo y yo, natación. Un buen día, cuando ya tenía quince años, me rompí un dedo de la mano y no pude participar en una competición de natación, cosa que el seleccionador nacional, Josep Brascó, aprovechó para meterme en el equipo de la selección absoluta. Recibió críticas que me hicieron sufrir mucho porque él se la estaba jugando por mí y yo todavía no tenía muy claro si quería dedicarme al waterpolo o a la natación.

Sin embargo, lo poco que jugaba a waterpolo lo jugaba muy bien. Mi primer entrenador, el que pasaba por casa para recogernos a primera hora de la mañana, siempre me apreció mucho, fue Josep Claret y fue él quien me enseñó el valor de la disciplina y el esfuerzo, algo francamente difícil de hacer comprender a un adolescente: él lo consiguió y esto me sirvió para siempre. Según me contó mi padre algunos años más tarde, este hombre le había dicho: «Mire, no sé adónde llegará su hijo en natación; es muy bueno y no sé hasta dónde podrá llegar, pero tenga por seguro que en waterpolo, aunque no soy experto en este deporte, ahí no tiene límites; yo aprendo de su hijo, y su hijo tiene trece años».

A lo que íbamos. Josep Brascó se la juega y me lleva con la selección a unos campeonatos de Europa absolutos, con hombres de treinta años; yo lo pasé muy mal porque a los quince años no era ni de lejos uno de los once mejores jugadores de España, ni siquiera de los cincuenta mejores; por tanto, hubo muchas críticas. Para que yo fuera con la selección, un jugador de veintiocho años mucho mejor que yo tuvo que quedarse en casa. Por supuesto, estas críticas me alcanzaban: «Este niño, a qué viene ahora un niño en la selección...». Brascó vio algo en mí y se la jugó. Y aquí me detengo, a los quince años.

El valor del esfuerzo

Volvamos a la familia. Hoy los niños tienen demasiadas imágenes, los padres también y hay excesivas sumas de dinero moviéndose alrededor de cualquier tipo de deporte espectáculo. Cuando yo era pequeño todo el deporte de masas se reducía al fútbol, ni siquiera el baloncesto significaba lo que significa hoy. Los deportistas, en España, practicaban el deporte hasta los veinticuatro años y entonces abandonaban las respectivas selecciones porque tenían que terminar los estudios universitarios y ganarse la vida como el resto del mundo. Esto, evidentemente, constituía un problema para «el deporte español», pues no había continuidad. El programa ADO para Barcelona '92, atendió a este problema y creó una continuidad.

Hoy existe un exceso de imágenes y los padres quieren que sus hijos sean algo importante; quizá no se lo dicen, pero flota en el ambiente que los padres quieren que sus hijos sean como Nadal o como Alonso, como Indurain o Guardiola o Raúl, cuyas imágenes constantemente muestran gestas y más gestas heroicas. Es evidente que en este entorno, el niño nace en el seno de unos valores distintos; lo normal es que ahora el niño vea, en el niño que está a su lado, a su rival más que a su compañero. Falta compañerismo y lealtad; los padres presionan demasiado, se discuten con otros padres en las gradas... Éste es uno de los problemas del deporte del futuro.

Yo tuve la suerte de crecer sano, de tener una relación fácil con el deporte a pesar del mucho esfuerzo y entrenamiento que me costó. El invierno de Manresa es muy frío y yo entrenaba a primera hora de la mañana; luego, me iba al colegio de paquete en la moto de un compañero mayor que yo. Yo era el nadador de la clase, y me gustaba hacer mi entrada en ella con el pelo mojado y las puntas heladas como carámbanos. (Mi madre nunca pudo conseguir que yo me secara el pelo, nunca consiguió que lo hiciera, y además lo llevaba muy largo.) Pero luego, durante la primera hora de clase, me quedaba dormido. Mis resultados escolares quedaban apuradillos, pero tuve la inmensa suerte de que mis compañeros me ayudaran en todo: a estudiar, a copiar, a tirar adelante...

Lo normal es que ahora un niño vea, en el niño que está a su lado, a su rival más que a su compañero.

El esfuerzo estaba ahí: entrenaba por la mañana y por la noche, intentaba estudiar... y estaba cansado. Mi padre estaba muy atento y a mí me daba mucho miedo ir a casa con malas notas... O sea, que tuve suerte con los compañeros: mi clase se convirtió en una perfecta organización de delincuentes dedicados a ensayar estrategias para que yo pudiera copiar.

Así pues, crecí en una familia donde se respiraba deporte: mi padre había jugado al fútbol en plan *amateur,* nadaba bien, pero no pasó de ahí. Mi madre nunca supo nadar. Pero mi hermano Albert fue capitán del equipo de Manresa y llegó a internacional júnior de waterpolo con la selección española; Rosa, mi hermana, llegó a ser olímpica en natación, 100 y 200 braza, y 4 x 100 relevos en los Juegos Olímpicos de Montreal, campeona de España durante muchos años, plusmarquista en diversas ocasiones... Y yo mismo tuve el privilegio de jugar en el Club de Natació Manresa con mi hermano como capitán durante los años previos al salto al Club Natació Barcelona.

Uno de mis mejores recuerdos es el del día en que debuté con el equipo absoluto del Club de Natació Manresa, en la liga española, con mi capitán animándome.

Nos salió muy bien, ganamos por 8 a 7, provoqué un penalti y mi hermano me abrazó. Muchos años más adelante, convertido él en médico de la selección, había de volverme a abrazar en otra piscina y en otras circunstancias.

Son muy importantes, para mí, los abrazos de Albert. Él no exterioriza muchas emociones, es como mi madre: dulce, superinteligente, constante, sereno, te escucha más que te habla, de modo que cuando lo hace hay que escucharle porque es seguro que dice cosas importantes. Yo en cambio, hablo mucho, pero de lo que digo sólo interesa un veinte por ciento.

Eso fue mi infancia: Albert como modelo, papá con su autoridad, yo con un carácter como el de él, convencido de mí mismo, muy bueno de corazón pero con muchos fallos.

Y ya está, mi infancia fue muy normal y muy hermosa.

Debuté con mi hermano y el Manresa a los trece años; yo era muy menudo.

Y mi hermana Rosa se iba a dormir a la misma hora que yo, entrenaba como yo, pero se levantaba una hora antes para escribirme las chuletas del colegio para los exámenes.

Yo vivía todo el día con mi hermana. A Albert no le veía en todo el día, sólo cenábamos juntos y dormíamos en la misma habitación; él iba a otro colegio y entrenaba en otros horarios. El día a día de mi infancia yo lo viví con Rosa. Íbamos juntos a entrenar por la mañana, íbamos juntos al cole aunque a clases distintas, salíamos juntos del cole para ir a comer a casa, juntos volvíamos al cole por la tarde, juntos íbamos a la piscina a la salida y juntos nos recogía mamá para llevarnos a casa por la noche.

Albert se marchó a estudiar Medicina a Barcelona cuando tenía diecisiete años, de modo que cuando yo tenía trece, la habitación se quedaba para mí solo entre semana. Los sábados y domingos él venía a casa, pero seguía estudiando, y lo hacía en voz alta, grabándose los conceptos en una casete: «Anatomía: los huesos bla, bla, bla...», casetes que a veces se dejaba olvidados en la habitación. Entonces, durante la semana, yo ponía en mi casete sus cintas y me dormía con su voz acompañándome. Mi madre vivió asombrada por la amistad tan profunda que nos unía a mi hermano y a mí.

Todo esto duró hasta que llegó mi explosión deportiva a los quince años, cuando me encontré en la selección española y los primeros periódicos hablaban sobre mí... Así que, hasta entonces, mi vida había sido la natación y, si me hubiera quedado allí, probablemente habría terminado siendo un buen nadador a nivel nacional, pero mediocre a nivel internacional porque mis facultades físicas son las que son. En waterpolo, en cambio, fui una apuesta que salió adelante.

Los valores humanos

Mis años en Manresa establecieron la base de lo que más me enorgullece cuando mi esposa me dice que se enamoró de mí porque percibió unos valores humanos que ella llama «excepcionales». Los años de mi infancia fueron los de los valores humanos. Después pasan muchas cosas en la vida, pero lo que has absorbido en la infancia, esto queda para siempre: los valores que te inculca la familia, los padres..., no te das cuenta porque eres pequeño, pero aprendes lo que dicen, lo que hacen; los hermanos..., no te das cuenta porque eres el último y el mayor va a su bola y la otra es «la niña»...; los amigos...

Ah, los amigos... Son los años del Club de Natació Manresa, eres pequeño, vas creciendo, los años del colegio, tu pandilla del colegio.

No sé muy bien cómo definir estos años: no precisamente los años de la diversión, porque la verdad es que no me divertí mucho en el sentido de salir mucho, ya que mi vida estaba en la piscina. Eran en definitiva los años del valor humano, los años limpios, sinceros. Los años en los que Jordi Payà, Albert Canal, Toni Majó, Jordi Vila eran amigos míos y siguen siendo amigos míos. Eran amigos míos cuando me conocieron y yo no era nadie, me querían entonces y me siguen queriendo ahora a pesar de que a mí Italia me ha desplazado de aquel mundo nuestro. Jugábamos juntos con el primer equipo infantil de Manresa, jugamos también en el primer equipo absoluto de Manresa e incluso ganamos un subcampeonato de España, lo cual para Manresa era fantástico... Esos nombres para mí son la amistad pura.

Después, cuando ya dejé de ser «nadie», salieron a mi encuentro de todas partes muchos, muchísimos «amigos»: gente interesada, gente que me ha traicionado, que me ha engañado, que me ha decepcionado... Es probable que yo también haya decepcionado a mucha gente, no soy perfecto y mucho menos como amigo, a veces debería esforzarme por mantener un mayor contacto con ellos, podría dar más de mí mismo...

Aquellos amigos lo fueron de verdad, amigos de verdad y para siempre: amigos que, fuese yo quien fuese o fuesen ellos quienes fuesen, nos encontrábamos, jugábamos, conversábamos, convivíamos.

A los amigos los eliges tú. Es lo único en esta puta vida a lo que tú puedes decir que sí o que no: «Soy tu amigo» o «No soy tu amigo».

Siendo ya mayores, teniendo ya veinticuatro o veinticinco años, a uno de ellos lo abandonó la mujer; yo ya vivía en Italia y estaba en Manresa de vacaciones o de puente; nos encontrábamos en el coche y él se echó a llorar y me explicaba su dolor, yo no sabía cómo consolarle. No podía decirle que no sufriera, porque hubiera sido absurdo, pero sí que era joven y que a su edad tenía tiempo de sobra para rehacer su vida.

Recordé lo que había aprendido en algún sitio, eso de que la familia no la eliges tú, sino que te la encuentras; que contra el amor no puedes hacer nada: si te pilla, te pilla y no puedes resistirte; pero a los amigos los eliges tú, es lo único en esta puta vida a lo que tú puedes decir que sí o que no; otra cosa es que te equivoques o no, pero tú puedes decir: «Soy tu amigo» o «No soy tu amigo».

– Y yo soy tu amigo –le dije–, cuenta conmigo. Quizá no estaremos juntos diez horas cada día, yo vivo en Italia, pero Manel Estiarte está contigo porque aquella amistad de los cinco cuando éramos pequeños y jóvenes, lo es para siempre.

De Manresa, pues, me acuerdo de los amigos del colegio, de los domingos acudiendo a ver aquel partido del que yo me sentía formando parte. Estoy hablando de partidos en una piscina de veinticinco metros, vieja, con doscientas personas que apenas cabían en la gradería pero que para mí era la mayor piscina del mundo porque no conocía otra.

A mis nueve, diez u once años, yo asistía a los partidos de waterpolo en los que jugaba mi hermano y otros compañeros mayores que él. Yo me situaba en la gradería junto con otras doscientas personas que a mí me parecían veinticinco mil frente a una piscina que si la viera ahora me parecería una bañera. Bueno, la vida me ha llevado a jugar en las mejores piscinas del mundo, con grandes cantidades reales de público. Yo iba a ver a Toni Servalls y a Albert Martínez, que en paz descanse, que eran los grandes jugadores del Manresa, hombres de veintiocho años que marcaban goles desde medio campo... Sin las espectaculares imágenes de la televisión, sin mayor información sobre el waterpolo, yo desconocía los grandes nombres del deporte como los de Farago, De Magistris, Jané, Sans...

Mis dioses eran aquéllos a quienes yo veía cada domingo en mi piscina.

Este es el regusto de mi infancia, crecí limpio con los amigos, fui muy feliz. Por lo general, siempre he sido una persona feliz, he sufrido situaciones duras en la vida, pero aquellos años permanecen limpios.

Mis hermanos, yo y el waterpolo

Mi hermano era cuatro años mayor que yo. Él era mi ídolo por más que nuestra relación fuera hasta cierto punto, y en lo físico, lejana. No salíamos juntos, no conversábamos mucho porque la diferencia de edad entonces no permitía grandes temas, pero yo le admiraba en todo. A través de los años he comprendido qué inteligente, discreto y sereno es, y cómo ya entonces conducía a ese hermano pequeño suyo que ya constituía una promesa para el waterpolo. Al waterpolo lo quiso siempre más él que yo, a pesar de que para mí finalmente constituyera mi vida entera hasta hace bien poco; él me transmitió su locura por este deporte; Albert practicaba el waterpolo, quería ser waterpolista cuando yo, por muy bueno que pudiera ser o por muy bien que me lo pasara, todavía no lo tenía tan claro.

Estaba orgullosísimo de su hermano, él veía en mí algo, su hermano, «el niño»; veía cómo crecía y mejoraba. No me lo contaba, pero yo lo veía en sus detalles. A veces me enfadaba con él, pero él lo hacía todo a la perfección.

En uno de los primeros partidillos que el entrenador me permitía jugar con los mayores, donde estaba mi hermano, ocurrió algo que a mí entonces me encabritó con él. Yo era muy menudo, además no debería tener más de doce años, pero ya jugaba relativamente bien, y conseguí poner tan nervioso a uno de los mayores que éste se dedicó a hacerme daño durante el resto del partido. Se dedicó a arañarme, a pegarme, a darme golpes. Mi hermano mayor estaba allí y lo veía, yo le miraba como diciendo: «Oye, mira lo que me está haciendo éste...», pero él no me hacía ningún caso. Yo cada vez estaba más nervioso, y el contrario seguía agarrándome, arañándome, amargándome, por celos, por rabia, porque yo podía con él o por lo que fuera. Cuando volvíamos a casa con mi hermano, él iba delante y yo detrás, llorando: «¿Qué clase de hermano eres tú?», «No me defiendes, no me proteges», «Me han dado una paliza y tú sin hacer nada...». Él no se volvió a contestarme, no me dijo: «Aprende», «Espabila»..., no me dijo nada más que: «Tira para casa». La rabieta no sé cuánto me duró, yo la interpreté como que no me protegía. Pero no.

Por la misma época, pero al cabo de un año más o menos, yo ya jugaba con ellos no en entrenamientos de pachanga, sino en el equipo, y hubo un partido contra el Barceloneta que también contaba con un jugador muy grande y fuerte. Yo seguía siendo menudo y me movía en el agua con gran rapidez, y el gigante, que era mucho más lento, se puso también nervioso y en mitad del partido me soltó un puñetazo en toda la cara que me dejó sin sentido.

«El waterpolo es muy duro y tú eres muy bueno; por tanto, debes estar preparado porque a ti te buscarán las cosquillas, en todas partes te provocarán.»

Albert estaba en el otro extremo de la piscina, pero tal como vio el incidente, se volvió loco, se fue al agresor, a quien no llegaba ni a la cintura, y lo hubiera matado si no los hubiesen separado. Salió del agua, reventó sillas y ventanas, lo quería matar. Ahora ya veo clara la diferencia entre las dos jugadas: Albert, frente a la injusticia, sacaba hachas y cuchillos; pero en la enseñanza, su mensaje había sido absolutamente claro en Manresa: «Manel, el waterpolo es esto; es un deporte duro y tú eres muy bueno; por tanto, debes estar preparado porque a ti te buscarán las cosquillas siempre, en todas partes te provocarán. Espabílate. Yo no tengo que defenderte porque te marquen con mayor dureza, no me tendrás siempre a tu lado». Pero frente a la injusticia, no; un puñetazo a juego parado es intolerable y entonces: «Yo soy tu hermano de verdad y aquí ahora a este tío lo mato a puñetazos».

Anécdotas, cabreos y orgullos aparte, mi hermano me enseñó con gran claridad la diferencia que hay entre la pedagogía y la injusticia.

En otra ocasión, los del equipo de Manresa tomamos un coche y bajamos a entrenar a Barcelona; lo hacíamos con frecuencia porque en Manresa sólo había nuestro equipo. Ese día, por alguna razón, o porque me enfadé con el árbitro, me relajé en el entrenamiento y, al terminar, mi hermano me llevó aparte y por primera y última vez en mi vida, me echó una bronca.

Me dijo:

– Tengo que hablar contigo.

A mí me sorprendió. Albert es todo carácter.

– Escúchame bien –prosiguió–: que nunca más vuelva a pasar esto de hoy. Nosotros tenemos muchos límites, podemos jugar bien o mal, hacemos lo que podemos. Pero a ti no te está permitido jugar sin intensidad como lo has hecho hoy. Tú tienes que hacer esto y aquello, has de tirar los córneres, los penaltis, tú tienes que hacerlo todo porque tienes capacidad para hacerlo todo. Métete en la cabeza que, si nosotros no podemos llegar a algo y tú sí puedes, tú tienes la obligación de llegar.

Era como decirme: «A mí, que no soy tú y me gustaría serlo, ver que tú podrías hacer lo que yo no puedo y no lo haces... Cabrón, hazlo si no por respeto al equipo, por respeto a ti mismo y al don que has recibido. Constantemente vemos deportistas que llegan, triunfan o pueden hacerlo y se duermen: ¿qué significa que con las cualidades que tú tienes te abandones y entrenes tan mal? No se trata tanto de que el equipo te necesite, como de que tú tienes unas cualidades y no debes despreciarlas».

«Tú tienes que hacerlo todo porque tienes capacidad para hacerlo todo. Si nosotros no podemos llegar a algo y tú sí puedes, tú tienes la obligación de llegar.»

Este fue mi proceso; mientras Manel no se convirtió en «el gran jugador», mi gente y mi tiempo fueron estos: Manresa, los amigos, mi hermano, mi hermana, mis padres: los valores humanos. Los valores del hermano, de la vida, de la admiración, del deporte, los mejores recuerdos para siempre.

Como ya he dicho, Albert, con diecisiete años, había dejado Manresa y se había trasladado a Barcelona para estudiar Medicina; sólo nos veíamos los sábados y en el partido de los domingos, cuando él subía a Manresa. Siguió siendo entonces waterpolista y seguimos siendo ahora y siempre hermanos.

Todo esto aconteció entre mis once y mis catorce años; a los quince ya debuté con la selección absoluta (nadie a esta edad lo había hecho) y volví a Manresa como «mejor jugador».

Fue entonces cuando empezó el proceso de las aproximaciones personales, los «amigos» que aparecen no por ti, sino porque eres quien eres, mi ego empezaba a crecer, «Qué bueno soy». Ya me estaba transformando en otra persona. Con quince años ya soy una figura, ya soy Mejor Deportista de Manresa, el waterpolo manresano ya empiezo a absorberlo yo, son los tres años de Manresa ya no tan genuinos como los anteriores.

Qué le pasa a uno cuando a los diecisiete años le dicen que es el mejor

Ya empiezas a entrar en el mundo del deporte, hasta ahora era sobre todo crecimiento, no era «Quiero ser el mejor jugador del mundo», eran los amigos, la piscina, el Club de Natació Manresa, la familia, los hermanos... Y no es que llegue un momento en que me doy cuenta de que soy el mejor, es un proceso mucho más sencillo, mucho más natural en el que vas convenciéndote de que puedes ser el mejor, de que, en este deporte, las cosas te salen muy bien.

Hombre, un poco chulillo sí que debería ser, mi gente de Manresa todavía comenta lo chulos que éramos los del equipo. Pero éramos nosotros, mis amigos que jugaban conmigo, el Toni, el Payà, el Canal, el Vila, éramos los chulillos de Manresa porque éramos buenos en un deporte en el que el Manresa estaba en primera división. Pero a mí personalmente mis amigos nunca tuvieron que decirme: «Cuidado, Manel, que has cambiado». Yo con ellos no cambiaba, como no he cambiado ahora. Tengo –saben que tengo– muchos defectos, pero no hubo un cambio que me volviera insoportable para mis amigos; no me lo hubieran permitido en casa.

Ciertamente, yo notaba que mi padre ya no era tan autoritario conmigo, se mostraba más permisivo porque yo ya empezaba a ser un motivo de orgullo para él. Habíamos pasado de aquel antiguo rigor con las notas a una actitud mucho más relajada: «Has llegado con tres suspensos, pero bueno...».

Y, bueno. Papá era quien me llevaba en coche a Barcelona cuando tenía que concentrarme con la selección, a papá el mundo del deporte siempre le había interesado mucho, y empezó a ver que se hablaba de su hijo en los medios, y yo esto lo notaba.

Con mamá, no; mi madre siempre fue la misma, ella siempre dulce y constante, antes como después de mis éxitos.

Albert también lo comprendía, pero con una generosidad en la que nunca pude entrever la menor rendija de envidia.

Por su parte, Rosa en aquel momento era la mejor de la familia deportivamente hablando porque estaba ganando campeonatos de España y llegaba a los Juegos Olímpicos. Y sin embargo, era yo quien me veía en el centro de la familia. Mi gran error (y se había de demostrar más adelante) fue creerme que yo era realmente este centro, el orgullo de la familia, que si yo decía algo, todos: «Oh, lo ha dicho Manel», y me lo creí.

En cualquier caso, esta situación más permisiva no me impidió seguir entrenando cada día a las seis y media de la mañana, por la tarde, jugando los sábados, nadando los domingos, sin vacaciones de verano, con dedicación absoluta...

Y así, en aquellos tres años que fueron de mis quince a dieciocho, mi ego empezó a tomar cuerpo, esa seguridad en mí mismo.

3
¿Quién es un líder?

En mi carrera tuve compañeros de todas clases; algunos de ellos nunca destacaron por un protagonismo especial en un juego exquisito, pero cuando hablaban era maravilloso escucharles. Habitualmente eran los más silenciosos, los más reservados, aquellos por quienes aparentemente nadie daría un duro, los que menos parloteaban, pero cuando hablaban decían cosas realmente dirigidas al equipo, inteligentes, positivas... Esto es ser *líder.*

Líder también puede ser cualquiera de nosotros capaz de transmitir energía positiva al equipo. No sé hasta qué punto el líder está obligado a marcar más goles que los demás. El líder es aquél a quien el equipo escucha, es aquél que, cuando habla, no está pensando en sí mismo, sino en el equipo. El líder es quien, cuando juega, piensa en el bien del conjunto más que en el propio.

Resulta fácil decirlo, pero no tanto actuar como un líder. Mucha gente asume este papel artificialmente, mientras que el líder ha de actuar como tal por naturaleza. Le ha de salir de dentro. El líder es quien, por naturaleza, resulta positivo para el equipo, no quien se ha aprendido este papel y lo ejecuta de memoria.

Yo no era un líder. Yo animaba al equipo, quería más, empujaba arriba a los compañeros, pero lo único que por naturaleza y en el fondo pretendía era ganar yo, marcar yo los goles, salir yo en hombros, como quien dice. Yo era el típico gran jugador que quiere jugar siempre él, a quien, como es lógico, le importa ganar pero todavía más destacar; que se queda más feliz si juega personalmente bien que si gana el equipo. Mal, muy mal, muy mal.

«¡Equipo!»

Entonces, ¿qué aconteció? No hay un factor, un punto de inflexión, una conversión súbita, un día que te levantas y decides que vas a ser un compañero perfecto. Esto no existe; como siempre, se trata de procesos paulatinos, fruto de muy diversos factores incidentes; en este caso, y en concreto, uno de ellos sería la propia maduración deportiva. A medida que creces, vas comprendiendo lo que significa el deporte, aprendes el sentido profundo de la palabra «grupo», empiezas a comprender que las palabras «grupo», «entrega» y «comunicación», las vas asumiendo y dejando de lado las palabras «yo», otra vez «yo», y de nuevo «yo»... éste es el proceso de crecimiento que te da una visión más amplia del deporte.

La llegada de una serie de jugadores de una calidad extraordinaria, con un carácter distinto, con una arrogancia desconocida para nosotros entonces, me impactó inicialmente, pero ellos me enseñaron, tuve el privilegio de aprender de ellos. Aquellos chavales jóvenes –unos críos, en realidad–, que en 1988 llegaron de Madrid, a mí me enseñaron mucho. Éste pudo ser un factor de mi aprendizaje del liderazgo.

Mis compañeros sufrían lo mismo que yo y, de este modo, aprendí a verme débil como ellos.

Otro factor pudo constituirlo también, en la selección, un entrenador yugoslavo extraordinariamente duro y severo que aterrizó entre nosotros (contra nosotros) en el año 1990 y con cuyos métodos todavía hoy estoy totalmente en contra. Este salvaje nos hizo sufrir física y mentalmente hasta el extremo de hacernos llorar de rabia. Con él aprendí a ver que mis compañeros sufrían lo mismo que yo y, de este modo, a verme hasta cierto punto débil como ellos. La palabra para esta situación no era «piedad» para con los compañeros de quienes yo era el capitán, sino «todos»: todos sufríamos lo mismo, todos pasábamos por las mismas.

Hasta entonces, el momento de jugar se había resumido, para mí, en: «Entrenamos, ganamos, he sido máximo goleador, enviadme balones, yo, yo, yo...», mientras que a partir de ahí se trataba de comprobar cómo andábamos todos sufriendo por culpa de aquel desalmado croata. «Hostia, cómo me ha hecho sufrir, ¿y tú?», «Coño, cómo nos ha jodido este cabrón», «Me estoy muriendo, Manel»... Y cada día sufriendo, cada día lo mismo. Por primera vez creo que comprendí el concepto «todos». Todos estábamos sufriendo, a todos nos mataba ese seleccionador.

En resumen, el crecimiento, la comprensión de la palabra «todos» a través del sufrimiento colectivo, y la incorporación del talento del grupo de Madrid recién incorporado a la selección provocaron en mí un proceso de cambio.

Y vean ustedes qué casualidad, aunque yo precisamente no creo en las casualidades en el deporte: hasta entonces, yo había quedado máximo goleador en innumerables ocasiones, por ahí andan estadísticas de todo tipo. Sin embargo, a partir de estos años de aprendizaje, sólo esporádicamente volví a quedar máximo goleador y, en cambio, el equipo empezó a ganar muchos títulos.

¿Qué significa esto? Sin duda, que mi juego individual descendió en intensidad goleadora, pero creció en capacidad de entrega al equipo.

Mis compañeros lo notaron. Esos compañeros, que antes lo eran todo para Manel, para que Manel marcara y los llevara a la victoria, ahora luchaban mucho más por mí. Se me había entregado mucho, ahora más; me habían respetado mucho, ahora más; ahora me querían. Yo era uno más, pero ellos daban la cara por mí.

Me habían dado mucho, me habían respetado mucho, pero ahora lo hacían más porque ahora me querían.

Tengo un par de episodios paralelos a los de mi infancia: yo siempre fui pequeño físicamente y rápido, y si en mis primeros años los contrarios me calentaban, ahora lo seguían haciendo; los defensas me sacudían siempre, de todos los partidos salía escaldado..., pero sólo: era una batalla mía contra los defensas contrarios. Yo nunca pedía ayuda a mis compañeros, y mis compañeros iban también a su aire, a sus propias guerras, a por su mundo, a por su contrincante.

Cuando realicé este proceso, hubo dos jugadores –siempre esos de Madrid, inefables, sobre todo Iván

Moro– que cortaron de raíz aquellas situaciones. Me aconteció con ellos lo mismo que con mi hermano y el gigantesco agresor brutal en la Barceloneta: si me daban porque tocaba, no se inmutaban –«Manel, espabila»–, pero si el tema se salía de madre, siempre había uno de ellos que metía en cintura a quien fuera. Si yo en la media parte decía: «Jo, este c..., cómo me está poniendo», Iván no levantaba la voz, no decía ni pío, sólo miraba, se quedaba quieto... Pero se podía apostar a que durante la continuación del partido, el contrario señalado quedaría bien servido y se le quitarían las ganas de seguir agrediendo.

Una cosa es ser un «figura» y otra, un líder. El líder sirve al equipo, mientras que el «figura» se sirve de él.

El mensaje no tiene ningún misterio y es éste: mientras fui un jugador que sólo cultivaba su ego, me encontraba solo en el agua, ganaba o perdía partidos, era muy bueno y los periódicos, confundiendo los conceptos, decían de mí que era el «líder». Qué pena... Qué gusto, en cambio, cuando yo no metía tantos goles, sino que jugaba para el equipo, me entregaba en defensa, cosa que nunca en la vida había hecho. Fue entonces cuando mis compañeros empezaron a liarse a bofetones por mí con quien fuera; qué gusto entonces salir del agua y ver venir a Iván riéndose: «¿Has visto cómo tiene la ceja aquel «amigo» tuyo?», y contemplar al húngaro pertinente con la cara partida... Qué gusto, ganar y perder partidos todos juntos en vez de hacerlo solo.

Hoy me toca pedir disculpas a mis compañeros por los tiempos anteriores a mi proceso de cambio. Y lo hago; me arrepiento de no haberles dado, en todos aquellos años, el mejor Manel Estiarte, en vez del Manel Estiarte que metía muchos goles por ellos. Les di muchas victorias, y también derrotas, pero les negué el Manel Estiarte generoso, entregado que pudiera haber sido y no fui.

Si pudiera ahora dar marcha atrás, si pudiera darles ahora, después de Barcelona '92 y todo lo que había de suceder, lo que ahora era en vez de lo que fui antes... Ciertamente esto no significa que yo hubiese sido malo o rastrero, no; era un buen compañero, pero era el capitán (yo siempre he sido el capitán, como quien dice), el capitán que mandaba, que decía «para aquí» o «para allá», «para mí, para mí», aunque mantenía que todos éramos iguales, que por disciplina un capitán ha de poner orden, pero sólo esto: ha de ser un capitán ordenador.

Pero el líder, lo que se entiende por «el líder», eso lo éramos todos: yo en mi papel, aportaba lo que aportaba; otro, en el equipo, con su carácter tal o cual aportaba lo que sabía y podía; otro, algún tipo de agresividad...

¿Con cuántos jugadores habré compartido equipo –clubs, selección absoluta– desde los años ochenta hasta 1991, cuando se produjo en mí este proceso de cambio? Qué sé yo, más de trescientos o cuatrocientos. A todos les digo de buena gana: «Sé que tenéis buenos recuerdos de mí, sé que decís que yo era muy bueno, pero cómo me arrepiento de no haber sido mejor para vosotros. Porque más tarde sí fui un poco mejor, no mucho, pero sí un poco».

Los matices del «Muy bien, Manel»

Porque más tarde, entre 1989 y 1991, aprendí a aportar humildad, entrega, espíritu colectivo...

En qué momento se produjo este cambio es imposible de decir: más bien fue un proceso en el que intervino la incorporación de los jugadores de Madrid, la actuación de aquel entrenador y también, por supuesto, la maduración personal. A estas alturas yo ya tenía veintiocho o veintinueve años, una edad absolutamente madura para un deportista. Yo atribuyo mi cambio a estos tres factores.

Que tampoco es un proceso del que eres muy consciente mientras se produce. No es algo que suceda de la noche a la mañana. No te das cuenta, van pasando los partidos, va pasando el tiempo, adviertes que juegas más en defensa, oyes a tu compañero diciéndote: «Muy bien, Manel»; a ver, antes, mis compañeros me decían «muy bien» cuando metía un gol, cuando la cosa se ceñía a «dadme la pelota» y gol. Pero ahora empezaban también a decírmelo además cuando ayudaba en defensa, ¡qué gusto! No lo había hecho nunca. Robaba una pelota en defensa, acudía en ayuda del defensa y éste pensaba: «Coño, que Manel Estiarte se sacrifique y baje hasta aquí...», lo cual terminaba en un «Muy bien, Manel».

Era un gran jugador, un grandísimo jugador, pero me faltaba la excelencia: el altruismo.

¡Qué gusto, qué buen sabor, qué diferencia entre el «Muy bien» dedicado al niño bonito que nos resuelve el partido, al «Muy bien» que significa: «Gracias por dejarte la piel por nosotros, por el equipo! Muy bien».

Por tanto, había dejado atrás a lo que los periodistas llamaban erróneamente «líder»: desde el principio lo habían dicho, pero nunca lo había sido. Quizá fui un buen jugador de equipo, seguro que fui un buen jugador, pero no un gran jugador. Me faltaba la humildad necesaria para conocer –y reconocer– lo que es un equipo. Y finalmente, tampoco puedo decir que yo fuera un gran jugador, sino que todos éramos un gran jugador.

Cómo es un gran equipo

Por supuesto, yo llevaba muchos años en la selección, muchos más años que cualquier otro componente del equipo, y por tanto era un referente para todos ellos, aportaba mucho de lo positivo que tenía el equipo... No había sido tan mal «líder», pero es que ahora comprendo cuánto más podía haber aportado desde mucho tiempo antes.

En 1992 este proceso estaba concluido, para entonces todos los miembros del equipo ya formábamos una piña indestructible y éramos un equipo excepcional, lo que quiere decir que lo teníamos todo: calidad, entrega, motivación, capacidad de equipo. Si no hubiera sido así, no hubiésemos llegado a la final, nos hubiésemos quedado en la cuneta de los lugares quinto o sexto, séptimo, octavo... o incluso tercero si por casualidad hubiese sonado la flauta.

Pero haber llegado a una final de unos campeonatos del mundo, o al de una competición olímpica, significaba que aquel equipo era de grandísimos jugadores. Por su propio carácter, cada uno podía ser como fuera, cada uno acarreaba sus valores y su propio historial como podía, pero éramos grandísimos jugadores; si no, no hubiésemos llegado.

Así, pues, yo no fui un líder durante la mayor parte de mi vida deportiva, sino un gran individualista que en vez de pensar que me debía el equipo, pensaba que era el equipo quien se debía a mí.

Pero qué suerte tuve –gracias a mi maduración personal, al equipo y al Destino–, de poder disfrutar de esta conciencia del liderazgo durante los diez últimos años de mi carrera.

En Italia las cosas habían sucedido de un modo paralelo; tenía al Pescara rendido a mis pies, pero mi modo de jugar había sido siempre el de yo-yo-yo. En otras circunstancias, ciertamente, porque en Italia el waterpolo era mucho menos libre que en España, era profesional, tenía un reglamento con muchas normas muy precisas, la alimentación, la imagen, todos de uniforme, puntualidad por encima de todo... Entré en el mecanismo de la profesionalización, Italia me aportó la profesionalidad. Debía comer determinadas cosas y abstenerme de otras, tenía un segundo entrenador y un tercero, un preparador físico...

Todo esto llegó también a España, pero mucho más tarde. En mi tiempo tu entrenador tenía que componérselas como pudiera y desempeñar todos esos papeles a la vez.

En resumen, había estado muy equivocado y tuve la suerte no tanto de aprender –que también–, sino sobre todo de ser capaz de asumir en algún momento impreciso que el liderazgo consistía, ante todo, en la completa compenetración del capitán con su equipo.

Tobajas, Cillero y otros mil

He tenido tantos y tantos compañeros... y, de alguna manera, todos han formado parte de mi vida. Con algunos jugué menos; menos significa que en algún club estuve un año solamente, mientras que en otros permanecí cinco o diez años... Entre el Club de Natació Manresa; el Club Natació Barcelona; el Club Natació Catalunya, al que volví en 1991 antes de la Olimpíada y del que conservo un gran recuerdo, entre otras cosas porque ganamos la Liga, la Recopa de Europa y la Supercopa en un año extraordinario... Entre unos y otros, pues, tantos, tantos compañeros de los que tanto aprendes.

Más de mil compañeros cuyas vidas se han cruzado con la mía durante años y años. Tantos cuyo nombre recuerdo y tantos otros que para mí son como Tobajas, son «mis Tobajas».

Con Tobajas sólo fuimos compañeros durante un año, el último de mi carrera en el Club Natació Barceloneta; era un chico que waterpolísticamente hablando no disponía de muchas facultades porque físicamente no era muy fuerte, era un reserva y jugaba muy poco.

Pero se levantaba cada día a las cuatro y media de la madrugada para ayudar a su padre a poner a punto un negocio de muebles; venía directamente del trabajo al club, cuando nosotros nos habíamos levantado a las diez para estar a las once en el entrenamiento; entrenaba como nosotros poniendo todo su esfuerzo físico; por el waterpolo tenía la misma ilusión o más que nosotros...

Ya estoy utilizando palabras equivocadas otra vez: ya he caído de nuevo en la vanidad de excluir a mi esforzado, sacrificado, compañero del «nosotros», de los «grandes», de los «buenos».

Y sin embargo, su vida era el waterpolo, como la mía; se entregaba a él absolutamente, entrenaba mañana y tarde, y entre horas no se iba a hacer la siesta como «nosotros», sino que se iba de nuevo a trabajar con su padre. Una persona extraordinaria. Nunca, nunca le escuché una queja, aunque obviamente quería jugar más; él quería jugar como yo y conseguía a lo sumo tres minutos cada tres o cuatro partidos... Y sin embargo, siempre actuaba en positivo, siempre animaba al equipo, siempre: «Va, que podemos, ganar», «Va, que somos los mejores». Hubiera sido hasta cierto punto lógico que, ya que no jugaba, se quedara callado, más bien pasivo, ¿qué podía darle el club a él, que, además, era del barrio, un chico de la Barceloneta? ¿Dos pesetas?

Era un ejemplo para todos nosotros.

Me acuerdo de Tobajas porque, estando en el último año de mi carrera, yo ya había aprendido a saborear estas cosas. Ya era capaz de admirar a Tobajas como un ejemplo, de decírselo, de escribírselo.

Antes hubiera sido distinto; muchos años antes todo se hubiera limitado a contemplarme a mí como a un «líder» que necesita de los demás para serlo y por tanto necesita sobre todo a los «buenos», con quienes crea un círculo de comunicación cerrado y más cercano; pero a los demás... a los que están más allá de esa cerca, qué queréis que os diga. Tampoco voy a exponer las cosas como no son, yo nunca he mirado a los demás de arriba abajo, no soy así, no fui educado así (¡la que se hubiera armado en casa si me lo hubiera permitido!), pero probablemente yo dedicaba al waterpolo menos tiempo de mi vida que mis Tobajas.

Más adelante hablaré de otro Tobajas: Cillero, mi sacrificado compañero de pre-selección en Andorra, a quien abandoné en plena carrera monte arriba, bajo la disciplina salvaje de un entrenador croata que le destrozaba las rodillas.

Como con Tobajas y Cillero, me he encontrado a muchísimos a lo largo de los años, compañeros míos que contribuían como el que más a la buena marcha del equipo. A todos ellos, todos les debemos nuestro agradecimiento, porque ellos constituyen el valor del deporte. A sabiendas de que nunca llegarán a una selección, de que nunca saborearán una victoria olímpica, aman este deporte igual o más que los «estrellas», se sacrifican igual o más que ellos, se dedican igual o más.

Un equipo no está completo si el líder sólo cuenta con los «cracks». Sin los humildes, no llega a ninguna parte.

A todos los Tobajas, a todos los Cilleros, a todos los compañeros que he tenido durante mi larga carrera deportiva y que no eran, entre comillas, «titulares» o *«cracks»* o «famosos», a cada uno de ellos les debo todo el agradecimiento porque sin ellos, sin ellos, yo tampoco hubiera llegado a ninguna parte. Sin ellos, nuestros equipos nunca hubieran estado al completo. Sin ellos, no hubiera sido posible entrenar cada día, hubiera existido un vacío en el equipo.

¡Qué lástima que no supe apreciar a todos los Tobajas desde el primer día! ¡Cuánto tiempo perdí cuando me consideraba un líder y me encerraba en mi mundo y en lo que me rodeaba en primer término! ¿Qué era para mí, entonces, un masajista sino alguien que existía exclusivamente para que yo estuviera en forma? ¿Yo iba a dar los buenos días al chico que estaba pasando el aspirador por el fondo de la piscina?

A ver, no soy, nunca fui, un maleducado (mis padres primero no me lo hubieran permitido, y yo tampoco, después), pero carecía de esa sensibilidad, de esa cercanía; no me daba cuenta, no daba valor a todas las personas de alrededor.

Cuando no eres un líder auténtico, por muy alto que te encuentres eres incapaz de apreciar eso que tienes alrededor y que sin embargo es imprescindible para que tú te puedas mantener arriba: esa persona que por la mañana te acondiciona la piscina, coloca las corcheras, las porterías..., el recepcionista..., la gente del día a día...: todo ese mundo que finalmente resulta gris, porque trabaja en la penumbra para que tú puedas recibir en toda su intensidad la luz de los focos.

Pero qué suerte tuve cuando, al madurar como persona, fui capaz de comprenderlo durante los últimos siete o diez años de mi carrera.

Qué bendición, entonces, el disfrute de esas personas pudiendo admirar su categoría humana y waterpolística, porque –lo supiera yo o no, lo apreciara o no– mis compañeros eran jugadores de verdad como yo, personas como yo, gente que como yo lo intentaba todo de corazón y con toda la fuerza de su inteligencia y toda la medida de su condición física.

Cuando no eres un líder auténtico, eres incapaz de apreciar eso que tienes alrededor y resulta imprescindible para que tú te puedas mantener arriba.

Entonces alcancé la felicidad en el mundo del deporte.

Y me imagino que esto mismo se puede aplicar al conjunto de la vida en general, a la familia, a la empresa, a la política.

Esto es vida completa. Disfrute de la vida.

Ciertamente, habrá días en que uno no podrá ser la persona más atenta, amable y respetuosa del mundo porque hay momentos verdaderamente difíciles, pero lo importante es que uno haya aprendido a valorar el esfuerzo, el trabajo, los valores de todas las personas, no sólo de aquéllas a quienes a su modo de ver necesita.

En resumen, sólo con el tiempo, la reflexión y la maduración, gané la capacidad de mirar alrededor y así pasé de ser una «figura» deportiva, a un líder de un equipo. Por desgracia, hay personas que no se han concedido la oportunidad de realizar este proceso.

La verdad es que yo era muy bueno deportivamente, «cuando Dios hizo el waterpolo, pensó en mí», pero una cosa son los talentos naturales y otra la capacidad de caer en la cuenta de otras cosas que sobrepasan los límites del talento mismo y de los propios intereses. Por esto hay personas que, teniendo talento, lo han perdido por el camino o nunca le dieron la importancia debida, y así se morirán tan panchos desconociendo que existen otros mundos más allá de los límites en que han vivido encerrados.

Otros se habrán dado cuenta tarde.

O en medio, como en mi caso, y entonces te lamentas por no haberlo conocido antes, pero agradeces íntimamente el hecho de que finalmente hayas sido capaz de abrir los ojos.

Y entonces te sientes más completo, ves la vida de un modo diferente, te encuentras con mejor cuerpo, eres capaz de realizar el esfuerzo necesario, y lo que más deseas es que muchos caigan en la cuenta de lo mismo tan pronto como sea posible porque así disfrutarán mucho más de la vida y, cuando vuelvan la vista atrás, verán que su tarea en este mundo ha sido mucho mejor.

Cruyff y el control de la presión

Nací en una familia *culé* y en 1973 mi ídolo futbolístico era Johann Cruyff, un jugador holandés del que se decía que era muy bueno –alucinante para mí ya entonces– y al que acababa de fichar el Barça. El día de su llegada a Barcelona coincidió con mi regreso de una competición infantil europea, de modo que, en el aeropuerto, mi madre, mientras esperaba la llegada de mi avión, pudo contemplar la cara de susto de aquella joven estrella entre el enjambre de periodistas que le acosaban.

En la Holanda de Cruyff existe una población, Amersfoort, en la que el waterpolo es objeto de culto hasta el punto de haber dado importantes jugadores de este deporte.

Cuando en 1981 yo jugaba en el Club Natació Barcelona y habíamos ganado el campeonato de Europa, recibimos la invitación de acudir al torneo de Amersfoort, y allí fuimos.

En el vestuario de ese campo, recibimos la visita de los espónsores del campeonato... entre los cuales ¡se encontraba mi adorado Johann Cruyff en persona! Me saludó y le di la mano mientras me temblaban las piernas (debo confesar que todavía me tiemblan siempre que hablo con él –cosa que ahora me sucede a menudo– porque para mí sigue siendo ese genio sin límites que te impone respeto y emoción). A continuación, fuimos al partido.

La «tribuna» de los VIPS del campeonato consistía en una hilera de sillas plegables de madera colocadas a un palmo del borde de la piscina.

Cruyff estaba allí. El mejor jugador de fútbol del mundo; mi meta ideal a copiar en waterpolo, me estaba contemplando. Yo llevaba tiempo intentando ser en el waterpolo lo que Cruyff en el fútbol; aprendía de sus intuiciones, imitaba sus cambios de ritmo y de posición, grababa en mi memoria todas sus genialidades.

Pues bien, aquella tarde quise demostrarle con mi juego cómo le admiraba, quería que él se viera en mí, o viera en mí un reflejo de su propia imagen. Me propuse e intenté con todas mis fuerzas que él viera en mí «el Cruyff del waterpolo».

Puse demasiado empeño.

No me entró ni un gol, no terminé ni una buena jugada, estuve metiendo la pata constantemente. Este partido lo tengo en la lista de mis tres peores intervenciones en mi vida de waterpolista.

Todo un partido a un palmo de distancia de un personaje como él y no logré mostrarle nada...

La misma presión que te puede llevar a conseguir un campeonato internacional, te puede bloquear y dejarte en ridículo en medio de una piscina. El arte de dominar la presión requiere tiempo y templanza, madurez y conocimiento de los propios límites.

Y por más que se den todas estas condiciones, el líder nunca será inmune frente a sí mismo, a esa intimidad propia que cualquier día podrá jugarle una mala pasada si no le encuentra preparado y atento.

4
Rosa

Un maldito día primaveral

Llevaba ocho meses en Italia, había cumplido los veintidós años, había tenido mi papel en dos competiciones olímpicas y había recibido una oferta de un club italiano de waterpolo. Italia, entonces centro del mundo del waterpolo, era muy importante para mí. Aquellos amigos con los que había formado una piña irrompible me decían: «Ya no volverás, no volverás por aquí». Yo proclamaba que sí, que una vez cumplido mi contrato de dos años volvería a mi club de Manresa, con mi gente, a mi casa, donde estaba todo lo que yo tenía.

El equipo era el Pescara y ocurrió lo que tenía que ocurrir: la vida cambia, firmé un contrato inicial de dos años; después, otro por otros dos años; conocí a mi esposa, me encontraba muy bien allí; cuando ya llevábamos seis años, me casé y allí nacieron mis dos hijas. A estas alturas, han pasado veinticuatro años y, cuando he regresado a Barcelona con otro contrato temporal, esta vez con el Barça, resulta que llevaba ya más vida en Italia que en Manresa (24 a 23).

Tenía razón mi amigo Toni cuando me dijo que no volvería, porque en realidad sólo lo he hecho a saltos: para ver a la familia en algún puente largo, con la selección española todos los veranos alargados hasta cumplir cuatro meses, por Navidad o Semana Santa... pero mi vida de ocho meses, la vida profesional estuvo allí: primero, por causa del deporte, después por el deporte y la vida, más adelante por el deporte y la vida y la familia: cada vez era más evidente que mi vida estaba en Pescara, Italia.

O sea, yo había llegado a Italia en agosto de 1984, después de la Olimpíada de Los Ángeles... y de repente me encuentro en los primeros días de abril de 1985.

¿Qué significaba esto? Que yo estaba en el *top*, yo era aquel niño que entrenaba a primera hora de la mañana y por la tarde, a quien los viernes, después de la natación, el monitor le echaba una pelota para que enredara con ella en el agua y con los amigos, aquel niño que ahora está en la Liga Profesional Italiana, que ha tenido la voluntad y la fuerza suficientes para aguantar los dos o tres primeros meses en Italia absolutamente solo, superando la primera fase de la añoranza más profunda. No quiero decir que estuviera triste, no, estaba contento, jugaba en la mejor liga del mundo, era el protagonista en una ciudad como Pescara que vive para el waterpolo. Yo allí era un ídolo, había de por medio dinero, mis padres estaban contentos... Era aquel chiquillo que había llegado a lo más alto.

Bueno, no sería verdad decir que yo era un chulo en Manresa, pero, qué caramba, qué contento estaba conmigo mismo, y cómo percibía lo que realmente era. Ciertamente, no andaba todo el día proclamándolo a los cuatro vientos pero me sentía protagonista entre los míos, en mi familia, con mis amigos: mi padre alardeaba de las proezas de su hijo menor; había llegado un momento en que aquel padre serio, siempre investido de autoridad, se fundía hablando de mí. Cuando aterrizaba por casa, «Ha llegado Manel», «Ha llegado Manel».

Mi madre, en cambio, se contenía más, no parecía tan expresiva pero también me vivía con toda su ilusión, tanta como añoranza porque me había marchado de casa, pero con un gran orgullo por mi rol en el mundo del deporte.

Mi madre cargó con la añoranza, toda la del mundo: durante años y años nos hemos estado llamando por teléfono tres y cuatro veces al día. Puede parecer absurdo, o cosas de niño mimado; no me importa que lo parezca. Eran llamadas tan simples como para preguntar: «¿Cómo estás ahora?», «¿Te encuentras bien?». Así ella me sentía más cerca, a través de la voz...

Mi hermano Albert ya era médico, pero tenía a su hermano pequeño en el waterpolo, en la selección, habiendo participado en dos Juegos Olímpicos, afincándose en Italia...

Mi hermana Rosa había dejado la natación, se había casado, tenía dos hijos, se había separado, vivía momentos difíciles. Y mis conversaciones telefónicas con mi madre eran: «Mamá, ¿cómo está Rosa?». «Bien, no sufras» –me contestaba ella.

Cuidado, cuando una madre le dice a su hijo: «No sufras», ponte en guardia porque seguro que detrás de esas dos palabras hay una gran inquietud, un gran sufrimiento con el que no quiere cargar al hijo. Pero yo no lo vi; yo me encontraba en mi mundo protegido, seguro, despreocupado: «Ah, bien, mamá; pero ¿está bien o no está bien?».

Sabía que se había separado, era lógico que se encontrara muy triste; ella se había casado muy enamorada y seguía estándolo de su ex marido, tenía dos hijos pequeños, de dos años y uno. Y mi madre me hablaba de ella, «pero no te preocupes». Y de nuevo cuando volvía a casa por Navidad, o en verano, o en Semana Santa sucedía aquello de que toda la familia se te echaba encima: «Hola, Manel», «Hosti, Manel...», «Ha llegado Manel».

Joder, qué bien me encontraba, qué protagonista me sentía, era. No me estoy fustigando, no me avergüenzo de eso, simplemente manifiesto que yo era consciente de mí y de mi papel en mi familia, en mi antiguo club, con mis amigos, y me encantaba dar pasto a su admiración: les explicaba cosas de mí, quería hacerles partícipes de mi vida y de mis éxitos, y ellos me escuchaban, y yo me sentía protagonista. Quien volvía a casa era yo, ellos permanecían aquí, su vida seguía estando aquí con toda su normalidad cotidiana perfecta, la familia era perfecta.

Rosa no vivía tampoco en casa de nuestros padres, sino sola con sus hijos.

Lunes 8 de abril de 1985

Estoy, pues, en Manresa, en una de mis escapadas de puente largo. Es Semana Santa, la liga profesional se ha detenido unos días en Italia, y yo los aprovecho, como siempre, para volver con los míos.

Lo primero que me viene a la mente es ese día de primavera que todos esperamos después del invierno, ese día cuando el aire se entibia y te aligeras de ropa para ver si de este modo llega antes el calorcillo. Aquel día tan claro, tan limpio; hay una brisa suave, todavía hace fresquito pero ya sales a tomar el café en el velador de la calle frente al bar, te apetece tomar el aperitivo al sol con los amigos, en el Moka, donde siempre nos encontramos. Es un día así y yo me encuentro perfectamente, contento, después iré a comer a casa, ahora estoy tomando el aperitivo, con Toni y Jordi, los dos amigos de toda la vida, aquí estamos. En otra mesa cercana, también al aire, Rosa y su peña de amigos también están en lo más normal del mundo al mediodía de un lunes festivo. Para mí, el escenario escapa absolutamente de la vida normal en Italia, y precisamente por esto lo encuentro tan perfecto, lo estoy disfrutando tanto. Para ellos es un aperitivo más, para mí es «el» aperitivo; un día de fiesta, una climatología fantástica, nos encontramos cómodos, un día magnífico, Italia constantemente en la narración de mis aventuras, mis amigos coñeándose de mis fanfarronadas...

Recuerdo muy bien que me levanté y que Rosa estaba sentada allí mismo, al alcance de mi mano, con su gente...

Rosa era una chica muy guapa, mucho. Cuando nadaba era la nadadora más guapa de España, después, incluso habiendo tenido los dos hijos, continuaba estando muy guapa, muchos chicos bebían los vientos por ella. Era muy dulce, muy sencilla, tenía muy buen corazón. Rosa había sido aquella niña que, cuando íbamos al colegio, se levantaba antes que yo, a las seis y media, para escribirme las chuletas de cara a los exámenes cuando yo me retrasaba en los estudios por la natación. También fue mi protectora. Un día, en el colegio, mi profesora no quería regalarme el medio punto que me faltaba para salir del cuatro y medio y aprobar; yo estaba desesperado y le discutía en vano la nota. Rosa, que iba a una clase superior en el mismo colegio, el Badia Soler, me vio nervioso peleando con aquella profesora por los pasillos y me tomó por el cuello y me sacó de allí. Rosa me protegía, aunque yo no me dejara. Rosa me acompañaba siempre; siempre estábamos juntos; Rosa era la presencia. Albert, mi hermano mayor, era la admiración, la referencia, pero no estaba allí, yo ya no le tenía; ya vivíamos en mundos diferentes excepto en el waterpolo, pero incluso allí, él ya era de los mayores. Yo crecí como nadador junto con Rosa, íbamos juntos a entrenar, volvíamos juntos a casa, permanecíamos juntos en todas partes.

Con Rosa compartí la mayor mentira de nuestra vida, cuando yo ya tenía dieciséis años y una moto con la que hacer perrerías. Un día la cargué de paquete, y a pesar de lo prudente que era, se dejó llevar. Yo, para chulearla, tiré por un camino de mala muerte y en mi alocamiento nos dimos el gran tortazo. Ella se libró sin un rasguño, pero yo me partí la mano. Yo tenía miedo de lo que mi padre haría conmigo y mi mano rota por haber estado haciendo el burro con la moto. De modo que Rosa y yo nos pusimos de acuerdo y acordamos que mientras íbamos tranquilamente por un camino, inesperadamente se nos había cruzado un niño corriendo y que, para no atropellarle, yo había tenido que hacer una mala maniobra Y veo a Rosa explicándole a mi padre con todo su aplomo: «Pero, oye, Papá, es que Manel, mira, había un niño allí y ha tenido que girar el manillar...». ¡De modo que a fin de cuentas mi hermana me convirtió en un héroe!

Rosa me quería con locura y no me habría fallado nunca. Claro está que yo no tenía una relación tan íntima hasta el punto de compartir con ella todos mis problemas, pero era Rosa era mi Rosa, la Rosa, la niña de casa, la primera de la familia seleccionada para participar en unos Juegos Olímpicos. Recuerdo su partida hacia los de Montreal en 1976, a sus dieciséis años cuando yo tenía catorce. Fuimos a despedirla al aeropuerto de Madrid. Mi padre nos llevó a todos (excepto a Albert) en coche hasta Madrid. Hay muchas cosas que se oscurecen en la memoria, pero hay muchas que permanecen.

Aquel lunes de Pascua estábamos terminando el aperitivo, los amigos se marchaban a comer a sus casas, yo me levanté y le dije a Rosa: «Nos vemos en casa». La casa de nuestros padres estaba cerca, a no más de diez minutos andando, ella iba en su coche, no sé por qué motivo, así que fuimos a casa por separado. No me acuerdo del porqué; seguramente yo me iría andando con algún amigo hasta su casa para luego volver a la nuestra.

«Manel, vete a ver, vete a ver»

Ahora en mi memoria todo se reduce a esto: que apenas llegué a la escalera de la casa que conducía a nuestro piso en la cuarta planta, sin ascensor, antes de empezar a subir escaleras arriba, setenta y dos escalones exactos, mil veces contados, y desde la primera planta empecé a oír gritos. Oí gritos.

Desde el portal de casa empiezo a subir y escucho gritos. Son gritos fuertes y reconozco la voz de Rosa. Algo completamente anormal, Rosa gritando, nerviosa, gritando, probablemente nunca la he oído gritar, está ocurriendo algo completamente anormal. Acelero el paso. No puedo definir qué está sucediendo, qué es todo aquel alboroto, aquellos gritos de la misma Rosa que un cuarto de hora antes estaba tomándose sus aceitunas con su peña de amigos, pasándoselo bien, aparentemente tranquila y contenta.

Llego al piso, llamo al timbre y me abre mamá con una cara de gran preocupación, asustada y me dice: «Ay, ay, vete a ver, vete a ver, Manel, vete a ver, vete a ver». Encontrarme con mi madre sumida en tanta angustia, preocupada, en pleno estado de alarma, me provoca el instinto protector, debo proteger a mi familia, cosa que quizá no me corresponde porque soy el más pequeño de todos. Pero yo soy yo y es importante, y experimento la sensación de que «aquí estoy yo».

No, quizá no me pertenecía a mí hacerlo, pero me pudo el impulso de imponerme: «A ver, qué pasa aquí».

Entro en la habitación y Rosa le está gritando con todas sus fuerzas a papá.

Extrañamente, la imagen de mi padre es irreal como, de hecho, lo será para mí todo lo que acontecerá después en este día maldito.

Era irreal porque Rosa estaba de pie, a un palmo del rostro de papá, abroncándole de una manera absolutamente irreal, desconocida, imposible. Rosa era incapaz de levantarle la voz a nadie, mucho menos a papá, porque él era un hombre imponente, no autoritario pero sí severo, todos le teníamos un respeto absoluto, y además era fuerte y enérgico, de una presencia imponente. Todo lo cual hacía todavía más irreales los gritos de Rosa.

Rosa nunca había perdido los nervios y ahora los ha perdido y esto es irreal, pero que mi padre permanezca petrificado, inmóvil, rígido, con la mirada agachada, eso carece absolutamente de sentido para mí. No lo entiendo, no puedo entenderlo. En tres segundos me hago cargo de la situación, como me sucederá muchas veces en la vida, como en los cinco segundos de la final de Barcelona '92; de estos tres segundos guardo la vivencia física de la irrealidad. Nada de lo que está sucediendo durante estos tres segundos en esta habitación es real.

Sin embargo, todo tiene sentido y lo tenía entonces. A pesar de la angustia de mi madre en el umbral de la puerta de la escalera, el silencio de mi padre en la habitación frente a los gritos de su niña-tesoro-fuera-de-sí, tenía sentido. Papá estaba ejerciendo al pie de la letra su papel: su sexto sentido paterno, su experiencia de la vida... su silencio. Quizá... No, no: dejo aparte su experiencia de la vida y me quedo sólo con su papel paterno. Hoy yo también soy padre y he crecido viendo crecer a mis hijas. Quizá por esto mi padre, quizás inconscientemente, quizá porque se daba cuenta de que en aquel momento no debía hacer otra cosa que callar.

Ha comprendido que debía permanecer callado, renunciar a la fuerza de su autoridad; que hoy, en este momento, es necesario ejercer su papel de un modo distinto al de toda la vida.

Y yo tenía que haber pensado: «Si tu padre está callado, ¿por qué cojones tienes que meterte tu entre medio?». Fue instantáneo, fue instintivo, fue espontáneo, fue porque llegué y me encontré con mamá angustiada abriéndome la puerta y pidiéndome: «Manel, vete a ver, vete a ver» y esto me hizo sentir fuerte, y me entrometí. Entendí a medias que Rosa se quejaba de que mi padre no le prestaba el coche para bajar a Barcelona, donde tenía que encontrarse con alguien. Un problema realmente anodino... Pero por esta misma razón, porque nada tenía argumento ni sentido, porque el hecho de que mi padre se mostrara como aniquilado por una nadería, por todo esto yo tenía que haber deducido que algo chirriaba, que no estaba funcionando como era debido, que «Cuidado, Manel, cuidado», que yo tenía que ir con cuidado, con muchísimo cuidado. En el fondo, el silencio de mi padre estaba diciendo: «Cuidado, hay que ir con cuidado». Pero yo no estaba seguro de nada, no podía sospechar nada fuera de una situación del momento que era ésta: una discusión padre-hija, en la que la hija, que nunca se lo había permitido, le estaba levantando la voz y él, que siempre había sido un hombre entero y prestante, se abandonaba a una actitud de abatimiento insospechada... En fin.

Así que me interpuse entre los dos y corté: «Bueno, ya basta», que quería decir: «Fin de la discusión, vamos a comer, qué está pasando aquí», y lo hice un poco duro, un poco enérgico.

La mirada vacía

Rosa me mira a los ojos.

Nunca me había levantado la voz ni lo hace ahora. Detiene su discurso y se calla.

Se calló. Esto me sorprendió porque en el fondo yo esperaba que Rosa me explicara, me gritara también a mí sus razones. Pero no lo hizo y yo, desconcertado, seguí en mi papel de duro de la escena y de «ya basta» y me permití decirle: «Mira cómo has dejado a papá».

Rosa y mi padre habían estado muy ligados, mucho; es normal en una relación padre-hija. El vínculo de la niña, el vínculo de mi princesa; en cualquier caso, un vínculo importante. Quizá mis palabras hicieron mella en Rosa mucho más de lo que se pueda explicar: con voz enérgica y seguro de mí mismo, le estaba echando en cara el daño que infligía a nuestro padre.

Rosa sólo reaccionó mirándome. Sin rabia. Sin tristeza. Sin nada.

Y yo me encontré nuevamente bien conmigo mismo: «Qué oportuno he sido, qué bien lo he hecho».

De modo que, finalizada la discusión, cerré: «Bueno, vamos a comer». Las habitaciones estaban en un extremo del piso, encaradas hacia la calle: a la izquierda, la de mis padres, en el centro, la de Rosa, a la derecha, la de mi hermano Albert y yo. Mi cama, arrimada a la pared debajo de la venta abierta a la luz primaveral (la única de la casa abierta en aquel momento), la cama de Albert perpendicular a la mía, arrimada a su propia pared. Las habitaciones y el comedor se unían por un pasillo.

Mi padre avanzaba por este pasillo, silencioso: no huía, no tenía miedo, no era cobarde, yo iba detrás de él, y Rosa detrás de mí sin decir nada. No sé qué me ocurrió entonces en el pasillo. Albert me ha dicho mil veces: «Manel, si tenía que ocurrir, hubiese ocurrido de todos modos», mi madre me ha abrazado otras tantas veces y me ha dicho: *«Manel, tranquil»*, pero yo no sé qué me ocurrió. Entonces no estábamos hablando; Rosa comentó algo, quizás entre dientes, pero lo que recuerdo bien es que no era importante; quizá dijo algo como que «No es justo...», pero en un tono ya muy calmado. Pero a mí sólo se me ocurrió volverme y replicarle: «Rosa, por favor, no nos hagas sufrir más».

Decidió no hacernos sufrir más.

Mi familia está muy unida. Si alguien hoy quisiera herirme de verdad, le bastaría con decirme: «Oye, Manel, no hagas sufrir a tu familia». Padre de mis dos hijas, nadie podría hacerme sentir peor que diciéndome: «Mira, las estás haciendo sufrir».

Yo no lo hice a propio intento, sino que había visto a papá tan triste. Acudieron a mi memoria las veces que mi madre me había dicho por teléfono: «No te preocupes, pero Rosa no está muy bien...»; si estoy en Italia; si de lejos no tengo una percepción inmediata de lo que sucede aquí; si no sé cuánto está sufriendo mi hermana, a quien ha abandonado un hombre del que está perdidamente enamorada y se encuentra con dos hijos pequeños entre las manos y la vida; esos momentos terribles de la vida en los que te estalla la cabeza.

No lo comprendí. No sé por qué me dejé llevar por esa soberbia mía de hijo pequeño, de hermano pequeño, y dije: «Bueno, Rosa, ya basta», pero ya no en un tono engreído, más bien todo reducido a un solo gesto: «Rosa, basta, no nos hagas sufrir más».

Nunca jamás olvidaré aquella mirada de Rosa clavada en la mía. Seguía sin ser una mirada de rabia, no era una mirada que me dijera: «Ahora te voy a herir yo», nada de esto.

Era una mirada vacía en el último segundo.

Un segundo de mirarme con la mirada vacía, expandir esa misma mirada alrededor, volverse, arrancar a correr.

Este don que tengo de ver en un instante y al detalle, en todo su colorido, en el waterpolo, todo lo que va a suceder a continuación, lo viví en aquel momento en blanco y negro.

Sucedió lo que nadie hubiera podido sospechar de aquel incidente, porque la discusión había sido una discusión sin más trascendencia, y mi comentario, un comentario sin más. Nadie lo hubiera podido predecir, pero yo vi al instante todo lo que iba a suceder.

Rosa corría y arranqué a correr detrás de ella. No «me puse a correr», no «empecé a correr», sino que *arranqué* a correr. Soy rápido, soy muy rápido, pero ella lo fue más y se metió en mi habitación, en la habitación de la derecha de las tres que están en el extremo del piso. ¿Por qué el Destino, de tres puertas sólo te lleva a aquélla, la única en la que la puta ventana está abierta? ¿Por qué? En esta habitación se metió, y yo detrás de ella, gritando: «Rosa, Rosa, Rosa», me llevaba cuatro metros de ventaja.

Cuando entro en la habitación, mi hermana ya ha saltado encima de mi cama trampolín.

Y mi ventana, a dos palmos de la cama, estaba abierta porque el día era primaveral y amable y dulce. Y por esto desde entonces, cuando la primavera nos trae días dulces y amables, yo no estoy a gusto, no siento odio ni tristeza, simplemente no es para mí el día más bonito del mundo: no es el día de primavera que tanto os gusta a todos. Es un día en que yo..., vale, es porque pienso en ella.

Tengo grabado este momento, esta fotografía en la que yo veo el cielo, y a ella que salta.

Porque ella saltó hacia arriba, saltó sin mirar atrás, simplemente saltó, y yo por poco voy tras ella, casi caigo por el impulso de protección, de desesperación más que de protección. Desesperado, me tiré detrás de ella pero la cama me impidió alcanzarla; no la toqué, pero la sentí, acaricié el aire que removió al caer y olí el olor de su cuerpo que descendía acelerándose.

Vi cómo golpeaba el suelo. Yo he visto a mi hermana golpeando el suelo, reventar. Desde el alféizar de la ventana, con los ojos aterrados lo vi todo.

Vi el cielo, la vi a ella volando y reventar. Enloquecí.

Cinco minutos que nos fueron negados

No era lógico. No era normal. Por muchos motivos que tuviera –no sé en qué medida ella estaba enferma, preocupada, desesperada; no sé en qué medida mi actuación equivocada influyó en su decisión–, no tenía sentido: tienes dos hijos pequeños, tienes una familia que te quiere con locura, háblame de todo esto. Vamos a volver atrás. Vuelve volando hacia atrás, vuelve a entrar a la habitación, volvamos al bar del aperitivo, volvamos a sentarnos frente al velador y cuéntame, dime: «Manel, me las estoy pasando muy putas, me lo estoy pasando fatal». Cinco minutos, Dios mío, sólo te pido cinco minutos, cinco minutos para volver atrás, porque qué necesitas, yo ahora tengo dinero, conozco la vida, cualquier cosa que necesites, si quieres que vaya a hablar con tu marido, lo haré, volvamos cinco minutos atrás, sentémonos allá, en el velador del bar, pedimos una cocacola, yo envío a casa a mis amigos y tú a los tuyos, a quienes apenas conozco, y nos quedamos tú y yo solos y me cuentas.

Cinco minutos. Sólo pedí cinco minutos y desde entonces me los están negando.

Estaba reventada en la calle.

Los recuerdos siguientes ya no son en blanco y negro, sino en locura. Yo me abalancé escaleras abajo gritando y gritando, no llamé ni a mi padre ni a mi madre, me quedé en la puerta gritando su nombre. Rosa.

Y cuando salí a la calle, no me quedaban fuerzas para nada. Ese que era yo, acostumbrado a las grandes batallas, al esfuerzo sin medida, por mi hermana no hice nada: no me acerqué a tocarla, estaba boca abajo y no le di la vuelta, la sangre la rodeaba, no me acerqué para ver si respiraba. Yo sólo gritaba, gritaba, maldecía, gritaba y maldecía a diez metros de ella, hasta que al cabo de unos pocos segundos bajó nuestra madre.

Ni una lágrima, mamá, ni un grito de desesperación, ni un rezo, nada, directa a su hija, arrodillarse, darle la vuelta, tomarla en sus brazos. Por lo menos la vio respirando, sintió su respiración: «Parad un coche, buscad un coche», y yo ni fui capaz de detener un coche. Pasó uno que vio la escena, y entre el conductor y mamá cargaron a Rosa y se la llevaron al hospital, mientras yo continuaba maldiciendo y gritando enloquecido.

Y eché a correr en dirección contraria; mi madre y el conductor del coche se llevaron a Rosa al Centro Hospitalario de Manresa mientras yo corría.

El momento que recuerdo todavía con un dolor en el corazón es el momento en el que mamá, intuitivamente, mientras su hija estaba muriendo en sus brazos, con su increíble fuerza maternal interna, pobrecilla mía, detuvo un coche, me miró, intuyó el dolor de su marido y me dijo: «Papá». En aquel momento, los dos levantamos la vista a la ventana maldita de mi habitación y, enmarcado en ella, aparecía el rostro de mi padre. Había oído mis gritos y había vuelto a la habitación a ver qué ocurría, se asomó a la ventana y vio a su hija en el pavimento de la calle. Por un lado vuelvo a experimentar la fuerza de mi madre que, en aquel momento terrible, fue capaz de volver su pensamiento al hombre que amaba. Lo que había ocurrido, había ocurrido ya: qué podía acontecer ahora.

Lo que había ocurrido había sido terrible, y el rostro de mi padre lo expresaba en toda su intensidad. Mi padre no pudo asistir al entierro de su hija, se había desmayado y no volvía en sí. Pero antes, aquella expresión de su rostro. Su hija, de aquella manera. Su hija se había terminado, todo había terminado para ella y para su familia porque ésta la conformábamos todos juntos.

Mi padre se desplomó sobre mi cama. Supongo que lo recogieron, pero no lo sé porque yo no estaba tampoco a su lado; no se me ocurrió decirle a mi madre: «Mamá, vete tú con Rosa, que ya voy yo con papá». En vez de esto, yo seguí maldiciendo y gritando.

Mi hermano Albert no estaba; él hubiera reaccionado como mi madre; se parecen mucho ambos: son mucho más silenciosos que yo y mi padre, pero muy fuertes internamente. Mucho más que yo, que armo mucho ruido cuando no es necesario, pero en el momento de la verdad me callo. Albert no estaba en casa, se había marchado a la playa con su esposa.

Sé que Rosa llegó al hospital y murió allí al poco de llegar. Sé que a mi padre se lo llevaron a la Clínica San José, y que allí estuvo tres o cuatro días queriéndose morir.

Es normal, lo de mi padre. No pudo asistir al funeral de su hija; no es que no quisiera, es que no pudo. Es normal lo que les sucedió a mis padres: la vida se les había terminado; por lo menos, la vida de aquella familia tal como ellos la habían conformado. Es verdad que en los años siguientes yo les proporcioné todas las alegrías deportivas posibles, y Albert, todas las alegrías profesionales, y que nacieron nietos, y que volvimos a celebrar las Navidades... pero nunca ya nada fue como antes.

Es antinatural que un hijo se vaya antes que su padre o su madre, y mucho más de esta manera.

Nunca más para mi padre las Navidades volvieron a ser lo que habían sido; mamá sí que, mediante su tremenda fuerza, quiso recuperar la normalidad, pero mi padre se quiso morir y en parte lo consiguió. Ésta es la razón por la que yo no he hablado de Rosa hasta este libro, cuando mi padre ya hace un año que murió definitivamente, porque él no hubiera soportado leerlo. Le recuerdo con cariño y añoranza, y uno de los pensamientos que me confortaron durante su agonía fue el de que él, a sabiendas de que estaba llegando al final de una enfermedad muy larga y muy dura, pensaba: «Bueno, aquí ya no me queda nada más que hacer: me voy con ella». Le apenaba dejar a su mujer, pero ésta ya andaba suficientemente atareada con los nuevos nietos que crecían sanos y fuertes, sus dos hijos ya estaban perfectamente situados.

De modo que durante el funeral por él, yo imaginaba a mi padre deseoso de reencontrarse con su Rosa.

Esto no significa que mi padre renunciara a la vida, al contrario, la prosiguió durante veinte años con dedicación y fuerza... Pero aquellos momentos determinados de encuentro y alegría familiar, estos ya no los recuperó, y de hecho esto es de lo más normal.

Destrozados

Cuando Rosa nos dejó, yo ya empezaba a tener ciertas posibilidades económicas, mayores que las de mis padres, y me dije, les dije: «Fuera de aquí». No podían vivir allí, en el piso donde permanecía mi ventana, salir cada día a la calle frente al lugar donde Rosa culminó su vuelo.

De modo que compré una torre preciosa en una urbanización y a ella se trasladaron rodeados por el prestigio de tener un hijo médico importante y otro deportista renombrado. La casa les encantó y en la práctica sólo ellos la habitaron porque Albert ya tenía su familia y, en cuanto a mí, mi vida estaba en Italia.

PAPÁ

Veinte años después de Rosa, papá moría serenamente una noche, cuando su última nieta, hija de Albert, cumplía apenas un año. Murió con su esposa dormida al lado, con sus dos hijos en las habitaciones próximas.

Albert ya había advertido que papá se encontraba en «tiempo de descuento»; ya me lo había indicado en diversas ocasiones, pero esta vez percibí que era la definitiva. Era verano y yo estaba en la playa con mi mujer y mis hijas, cuando Albert me llamó con la última señal de alarma. Silvia ni se lo planteó: «Manel, tienes que ir ya, vete ya con él». Ciertamente, yo no me encontraba a gusto en aquellas vacaciones, frente a la perspectiva del final de papá.

Estoy agradecido de haber podido compartir su muerte. En los días que la precedieron, él permanecía en cama con los ojos cerrados, aparentemente dormido. La tarde anterior a su partida, él estaba solo, entré en la habitación y me metí en la cama a su lado. Estoy seguro de que advirtió mi presencia. Y le di las gracias. Todos los hijos habíamos respetado siempre a nuestro padre revestido de autoridad, nunca nos habíamos atrevido a decirle: «Qué bien lo has hecho». Pero yo aquel día, pegado a su lado, en su cama con él, le dije al oído: «Papá, tranquilo, lo has hecho todo tan bien; has permanecido toda la vida al lado de tu mujer; vaya con el carácter que has tenido, pero yo también lo tengo; nos lo has dado todo; sin ser rico, eras un trabajador con muchas ilusiones y nunca nos faltó nada; hemos tenido una buena casa; nos has educado bien; nos has dado lo más importante: los valores humanos».

Se lo dije y le di las gracias. Lo acaricié. Estoy convencido de que lo oyó todo...

Cayó la noche. Albert y yo nos fuimos a dormir –ahora disponíamos de habitaciones contiguas–. A las tres de la madrugada, Albert llamó a mi puerta y me dijo: «Papá se ha ido».

Se había ido tan dignamente; habiendo hecho con tanta perfección todas las cosas. Albert se había cuidado de que no sufriera en absoluto; él, médico con responsabilidades importantes en Manresa, había sido siempre la presencia, el desvelo, la atención día a día; si él no hubiera estado, yo hubiera podido colaborar económicamente para buscar un buen médico, pero para qué pedir más de lo que ya teníamos en casa.

MAMÁ

Mamá, pobrecita, mamá, apenas se dio cuenta de que su marido se había ido. Apenas se despertó cuando le dijimos que papá había muerto.

Ellos dos habían construido finalmente un bellísimo cuadro de ternura, lo habíamos comentado con Silvia y mis dos hijas: el cuadro de dos vidas terminando en una, en la que el padre completaba a la madre, y ésta a aquél. Mi madre se acordaba de todas las cosas materiales referidas a papá, sobre todo de los medicamentos que debía tomar; él, por su parte, que se daba cuenta de que mamá, pobre, perdía facultades, le iba recordando las cosas que debía hacer y las que olvidaba. Y terminaron siendo como una sola persona.

Siempre habían sido una pareja complementaria: un padre autoritario y una madre, madre... Se habían convertido en dos abuelos adorables.

Y en cuanto mi padre marchó, mamá se abandonó de lleno a un proceso de demencia que había iniciado unos meses antes. Mi madre ahora no podría leer de ningún modo este libro (en otro caso, no lo hubiera escrito todavía). La secuencia de mamá es más triste todavía si se contrasta con la de papá; al fin y al cabo, él enfermó y se fue, pero ella está viva, la «vemos» viva a sabiendas de que, aunque todavía nos reconoce un poco, esto también terminará en un plazo más o menos breve. Y se está perdiendo tantas cosas. Los nietos, los hijos. Porque cuidado, mi madre siempre dijo que, pasara lo que pasara, para ella lo primero siempre serían los hijos, luego los nietos y luego el círculo expansivo de la familia. Ella quería a todo el mundo, les quería a todos, pero poseía un instinto de leona que anteponía los hijos a todo lo demás; primero los hijos, después los nietos, y después, en todo caso, ya se hablaría... Y se está perdiendo a los hijos, a los nietos que están creciendo: ya los tiene en la universidad, con novia.

Mamá hubiera disfrutado tanto con esta aventura mía, ahora que he vuelto a Barcelona con el Barça. Mi madre era culé, los días de partido se acostaba con el transistor pegado a la oreja, idolatraba a Pep Guardiola, y todo esto se lo está perdiendo ahora porque ya no vive, sino que sobrevive como una florecilla. Sonríe solamente cuando tiene un contacto físico con sus hijos; si Albert y yo nos sentamos a su lado y la acariciamos, nos mira y sonríe como una niña de dos años blandita, blandita. Todo se desencadenó en ella el día en que papá se nos marchó.

Le pido cuentas a Dios

El maldito lunes de Pascua de 1985, a primera hora de la tarde, yo maldecía, maldecía, corría y lloraba, seguía corriendo. Era un día festivo, no había nadie por las calles, mis gritos resonaban en el vacío mientras mis pies me llevaban por su cuenta a casa de mi mejor amigo, Jordi Payà, que vivía a tres kilómetros. Llamé, abrió, subí hasta su piso. Él no entendía nada, yo intentaba explicarle a gritos, blasfemaba: «Es injusto», «Me cago en la puta», mientras él se desvivía por tranquilizarme. Me quedé allí cinco, cuatro, quizá tres minutos solamente, desahogándome con él.

Necesitaba una familia con la que desahogarme. ¡Qué contradicción: la tenía y me estaba necesitando mientras yo huía de ella, no ayudaba para nada; y, a mi vez, yo la necesitaba también a ella y, sin embargo, me encontraba huyendo! Me había escapado.

Salí corriendo.

Y entonces, después de la desesperación y la locura, fue la rabia lo que se apoderó de mí: «¿Quién tiene la culpa de esto? ¿Qué cojones ha pasado aquí?».

Ya se me detuvieron las lágrimas, ya me desbloqueé y abrí las compuertas de la rabia. Salí del piso de Payà corriendo para una iglesia. Soy creyente, lo soy a mi manera, como todo el mundo, pero sí, tengo fe, creo, creo en Dios. Jordi Payà salió detrás de mí: «¿Adónde vas, adónde vas?». Le dejé atrás y corrí hacia la iglesia más importante de Manresa –«a la casa, Dios mío, que tengas más grande, te vas a enterar Tú»–, a la Seo, no a la iglesia pequeña que había al lado de mi casa. Ya no me conducían los pies, sino que me llevaba la rabia, ya no corría, andaba convencido y con paso furioso...

Otra vez el Manel de siempre: puedes ayudar, o no; puedes llamar a Albert, o no; puedes pasar de todo, o no; los hijos de Rosa, mamá, mi padre... No, siempre mi egoísmo por encima de todo. Me voy a la Seo, asciendo por la escalinata, entro en tromba en el templo y me pongo a gritarle a Dios: «¿Qué cojones has hecho, Dios, qué ha pasado? ¿Por qué una injusticia como ésta? ¿Por qué has destruido a mi familia? ¿Por qué maltratar de esta manera a mis padres? ¿Por qué todo esto sobre una mujer tan maravillosa como mi hermana? ¿Qué sentido tiene?». Yo le buscaba sentido. «¿Qué sentido tiene? ¡Explícamelo, Dios!»

Apareció por allí un pobre cura que había escuchado los gritos y no comprendía mi desafuero. Yo le decía: «Mi hermana se ha matado» y el pobrecillo no sabía qué contestarme, cómo contenerme.

Fueron cinco nuevos minutos de rabia, de rabia y de rabia, y pido perdón por ello ahora una vez más, y lo vuelvo a pedir. Pero lo hice.

Lo pagaré o no lo pagaré. Quién sabe si tenía sentido y era lógico que yo interpelara a Dios de aquella manera, si tenía derecho a hacerlo. No me interesa cualquier excusa porque no me sirve ninguna. No podía volver atrás aquellos segundos que había necesitado para detener el vuelo de mi hermana, no podía recuperar esa fracción de tiempo para ser más rápido que ella y retenerla, no podía volver el tiempo hacia atrás para conversar con ella, «¿Qué te pasa, cómo te puedo ayudar?». No podía cambiar nada de lo que había sucedido.

Lo único que en aquel momento creí posible fue encararme con aquel de quien yo creía que dependía el Destino de todo y vomitarle en la cara: «Tú eres injusto, Tú eres El Injusto. Y te lo digo gritando, pero, si lo prefieres, te lo repetiré en completa calma, sílaba por sílaba: Tú e-res in-jus-to. Eres injusto. Y ahora, bien, ¿ahora querrás contarme todas esas historias de que de ti depende la vida y todas estas zarandajas? Mira, lo que has hecho ha sido arrebatar una vida y hacerlo de un modo brutal, ante nuestras narices, frente a la mirada de papá, frente a... Eres injusto».

Aquellos cinco minutos en la Seo fueron esto: «Eres injusto», y nadie con la mayor buena intención del mundo hubiera podido convencerme de lo contrario.

Si tengo que pagarlo, lo pagaré.

Uno de los momentos más duros fue cuando por la noche llegó mi hermano Albert y encontró a mamá sin una lágrima: ahí se ve la fuerza de las personas, no en nosotros, los héroes que marcamos goles, ganamos fama y vamos de flores por la vida. Aquello de mi madre era la fuerza de la vida, esto es la vida; yo me quejaba de que era injusta, pero esto es vida. Llegó Albert y él, que siempre había callado, que siempre me había cedido el protagonismo en casa y frente a nuestro padre, que había sacado adelante su carrera de medicina mientras los amigos nos íbamos de fiesta y él se quedaba de guardia en las clínicas de Manresa, y soportaba nuestras burlas («Tú, aquí, puteado y nosotros, mira...»), y que aquel día ya era un médico reconocido, éste era el Albert que escuchó lo sucedido de labios de mi madre y me preguntó a mí cómo me encontraba y fue en aquel momento cuando yo experimenté en mí, de golpe, todo el peso de la culpa. Él no estaba presente cuando había sucedido todo y yo... «Mira lo que he hecho, Albert, mira lo que te dejo, ésta es mi obra: la niña ya no está, papá está medio muerto, mamá está aquí aguantando como puede». Albert, que me conoce como nadie, me acogió en sus brazos y antes de que yo le dijera nada –que se lo dije: «La culpa es mía», le dije–, él se había adelantado: «Manel, quítate de la cabeza cualquier cosa que te hayas podido imaginar, quítatelo ahora mismo de la cabeza si no quieres que te mate a hostias. Ha pasado porque tenía que pasar, y si no hubiera sido hoy, hubiera sido otro día, pronto».

No me lo creí. Sigo sin creérmelo y no quiero que nadie se me acerque con consuelos piadosos. Será verdad que si yo no hubiese dicho entonces aquella palabra, quizás otro hubiera dicho otra parecida al cabo de diez días. Pero si yo en aquel momento me hubiera callado, en aquel momento no hubiera sucedido nada. Será verdad que pasaría al cabo de diez días, o al cabo de diez meses, o al cabo de diez años... ¡O no! Lo que sé es que si yo me hubiese callado en aquel momento, aquello aquel día no hubiese sucedido. Ya sé que yo no la maté, esto lo sé muy bien, sé que quien se mató fue ella; pero era yo quien estaba en casa, fui yo quien le dirigió la última palabra, fui yo quien casi alcanzó a tocarla para impedir su vuelo, fui yo quien la vio caer, de manera que, por favor, nadie me venga con historias por muy bienintencionadas que sean.

Entonces, cuando mi hermano me dijo: «Ha pasado porque tenía que pasar», caí en sus brazos y sentí el peso de mi culpa. «Albert, perdóname, no he sabido reaccionar, perdóname.» No le pedía perdón a mamá, ni a papá, sino a mi hermano: «Perdóname, perdóname». Albert, con su fuerza, me volvió a proteger como lo hacía cuando éramos niños y me dijo: «La vida te recuperará».

Estuvo conmigo el tiempo que necesité para tranquilizarme y a continuación se hizo cargo de la situación.

El apoyo de la ciudad de Manresa fue total, porque a Rosa la quería todo el mundo menos su marido.

Mi culpa

Que yo todavía ahora me sienta culpable carece de importancia, tampoco la tiene esa sensación mía de rabia e impotencia, ni que aquella noche yo me encontrara con el ex marido de mi hermana y lo que allí sucedió, ni tampoco el hecho de que durante los dos años siguientes yo no pudiera conciliar el sueño con las luces de la habitación apagadas. Nada de esto tiene importancia porque Rosa estaba muerta y todo lo demás... Que yo estoy triste y arrepentido, ¿y qué?, que a Albert yo le deba... ¿y qué?

La tragedia de los padres sí que tiene importancia. Nosotros perdimos a una hermana a la que queríamos, pero conservábamos todo el resto de la familia y nos quedaba toda la vida por delante. Yo conocería a mi mujer al cabo de un año, y ella me daría dos hijas fantásticas, Nicole y Rebecca, a Albert todavía le quedaban por delante experiencias positivas y negativas –porque le ha tocado sufrir mucho–, tenía que formar una nueva familia... Es decir, que a nosotros nos quedaba recorrido por delante. A los papás, no; a ellos en aquel momento no les quedaba más que el apoyo que pudieran proporcionarse mutuamente y esperar lo que fuéramos capaces de aportarles los hijos –nietos y vida–, pero a ellos por el momento se les había roto todo.

Todo lo demás, ese dolor que siempre he soportado... No, no, no: esto no tiene ningún valor.

Laura y Jordi

De algo sí me siento orgulloso y nunca dejaré de lado: aquellos dos niños que, por mucho que puedan creer que no me tienen, que no soy más que un lejano tío ...

Aquellos dos hijos de Rosa, de dos y un año en aquel día, Jordi y Laura. Porque la capacidad que han tenido estos dos críos para crecer sin su madre, con un padre casi siempre ausente (no juzgo, afirmo simplemente que no ha estado presente), han crecido solos, siempre uno junto a otro, codo con codo, se llevan un año, en el colegio, en todas partes, siempre compenetrados, siempre formando piña un año y otro año y otro y otro. Han crecido con los abuelos de una y otra parte, pero lo han hecho tan sanos...

A día de hoy, cuando ves tantas dificultades de todo tipo entre los jóvenes, y piensas que esas dificultades pueden ser mayores para dos niños que han carecido de la presencia materna y paterna, y sin embargo compruebas que han crecido genuinos, sanos, cordiales, generosos, buenos...

Estoy loco por ellos, pero no porque sean los hijos de Rosa, sino por lo que ellos solos, juntos, han conseguido y están haciendo con esta vida. Tienen virtudes y defectos, claro está, no estoy diciendo que se trate de dos personas perfectas, pero son bondadosos, buenos, educados, se quieren, aman, viven la vida a fondo.

Ellos me hacen pensar a veces: «Rosa, lo que te has perdido; no precisamente a un hermano tuyo campeón olímpico y al otro, estupendo médico; ni siquiera a unos padres que se han querido hasta el último día, mucho más que todo esto: te perdiste dos hijos encantadores... Y de esto tienes tú la culpa, Rosa, la tienes tú. Yo tuve mi parte, es verdad, pero no tenías que haberlo hecho, la culpa es tuya, quien lo hizo fuiste tú, sólo tú hiciste la elección». Él estudió en el INEF y está trabajando en colegios en espera de una plaza fija, y ella trabaja, es una mujer muy sana, muy enamorada y está a punto de casarse.

El nombre de Rosa

Pedí permiso a mi club en Italia y a la liga profesional y, por supuesto, me lo concedieron, «Vuelve cuando creas que puedes hacerlo». Permanecí dos semanas en casa prestando los apoyos que pude –en el funeral acompañé a mamá que seguía fuerte–, y esperando a que papá se fuera recuperando.

Luego volví a Italia. Lo pasé muy mal dejando atrás a la familia, pero la vida tenía que continuar. Tenía muy claro lo que tenía que hacer, pero no conocía el sufrimiento que me esperaba.

De modo que, poco a poco, mi vida retomó su ritmo y su camino.

Sin embargo, había dejado en Manresa una deuda pendiente. A mí me hubiera gustado que, al paso de los años, hubiéramos podido hablar de Rosa con naturalidad: «¿Os acordáis de aquella vez que Rosa...?, De aquella vez, cuando Rosa era pequeña..., Porque aquel día...». A mamá le hubiera gustado todavía más que a mí, esto yo lo intuí siempre, pero a papá, no. Y porque veíamos que mi padre se moría cada vez que mencionábamos a Rosa, poco a poco fuimos espaciando las referencias, evitando hablar de Rosa y al final nunca hablamos más de ella. A mí me apenaba por mamá, pero era por respeto a papá. En esto, Albert se comportó como papá; no sé muy bien por qué, quizá porque yo me había podido desahogar tanto en el primer momento y librarme así de algunas cosas, mientras que Albert encerraba su dolor para sus adentros. Albert y papá nunca se volvieron a referir a ella, excepto en una ocasión de la que ya habrá ocasión de hablar.

A mí me hubiera gustado poder pronunciar el nombre de Rosa en los brindis navideños, poder hablar de Rosa; mi madre lo deseaba, lo necesitaba, quería hacer más natural la permanencia de su nombre en la casa, pero mi padre, no. Nunca supe si él se culpabilizaba también, nunca nos lo dijimos, pero no creo que lo hiciera porque no tenía motivo alguno para ello. O quizá sí, por su carácter. Pero no lo sé porque nunca más volvimos a hablar de esto.

El silencio de papá

Con el tiempo, y por mi carácter más abierto, en momentos en que decaía la conversación intenté en más de una ocasión meterla en ella, pero era evidente que a mi padre le dolía y entonces se encerraba en sí mismo. Y además, quizá no era necesario: la fotografía de su hija permaneció siempre a su lado; con ella o sin ella Rosa ha seguido estando siempre presente en la casa de mis padres. Estamos hablando de la vida de su hija, siempre ha seguido presente; no ha habido día que, en el momento de acostarse ni en el de levantarse de la cama, no hayan pensado en ella. Lo sé.

Yo sí que quizá no lo hice algún día; como he dicho, los dos primeros años necesitaba luz eléctrica para dormir por las noches, pero la vida se te lleva por delante, lo cual no significa que uno haya olvidado a su hermana muerta. A Rosa nunca la he olvidado, nunca he dejado de quererla, siempre la he tenido presente.

Pero mi vida también estaba empezando y he tenido momentos de todo.

Pero mis padres, no. Para mis padres fue muy duro.

Y repito: todo el mundo en la vida tiene momentos duros y difíciles, y pierde a personas, porque la vida es esto y apenas existen los momentos o las personas excepcionales. Ya lo he dicho antes: la excepcionalidad sólo forma parte de la vida personal. Yo sigo pensando que mi carrera deportiva no es excepcional, que lo que hemos hecho nosotros como equipo no es excepcional si lo comparamos con el mundo, porque hay muchos más equipos que han ganado y han perdido; hay muchos equipos que han vivido lo máximo y han perdido lo máximo. Pero si tú vives en tu mundo, sí que existe la excepcionalidad; si tu mundo sólo consiste en aquellos amigos, aquel deporte y aquellas victorias y derrotas, aquello sí que es excepcional para ti; pero entiendo muy bien que a los ojos del mundo sea... vale, como la muerte de Rosa: mucha gente pierde a mucha gente, muchos familiares, mucha gente es víctima de tragedias. Pero si tú te lo miras desde tu punto de vista íntimo, individual, resulta que sí, que fue un golpe tremendo; hay un antes y un después del dolor, en mi vida. Hasta entonces yo no había experimentado el dolor, hasta los veinticinco años, para mí no había existido el dolor físico-emocional, emotivo, profundo; estoy hablando de dolor, de tristeza, de infelicidad, de impotencia ante la injusticia y la falta de sentido. Hasta entonces todo había sido, gano-pierdo, estoy más o menos cansado, apruebo-me catean, mi padre se enfada-no se enfada, mi hermano me hace esto-me hace lo otro; cuidado, todo esto me había hecho sufrir, pero no era el dolor de aquí dentro, clavado en lo más hondo y que no te deja respirar.

El dolor

Sé que no es excepcional en la misma medida en que sé a ciencia cierta que no es excepcional ganar o perder una Olimpíada, pero en mi vida, en la vida de Manel Estiarte solo en una habitación, en un rincón en penumbra y cerrando los ojos..., todo esto ha sido totalmente excepcional, duro, y mi vida se ha hecho con este material tanto como con el de lo bello y lo difícil. Esta ha sido mi vida: una familia adorable partida por la mitad por la muerte de Rosa; una continuidad en una familia más racional, excepcional, feliz, con unas hijas adorables y una mujer a la que quiero con locura, una vida deportiva privilegiada con unos amigos...

En mi mundo, por tanto, en el mío, cuando por la noche cierro los ojos, contemplo una vida de sensaciones muy fuertes y completamente diversas. La diferencia está en que hay emociones y emociones: cuando perdí a Rosa la perdía para siempre. La comparación podrá sorprender, pero cuando pierdes una Olimpíada también la has perdido para siempre, pero has perdido algo, una *cosa*, pero perder a Rosa fue abrirme para siempre las puertas del dolor.

Cuando pierdes una Olimpíada piensas: «Qué mal, qué putada», y cómo lloras, pero si piensas en Rosa, le atizas un puntapié a la final olímpica que la envías a... Sí, has perdido, ya sé que has entrenado, que te has esforzado, que has luchado como un gladiador; en el momento en que estás en una final olímpica y la pierdes, estás allí, en al agua caliente, sudando, llorando de rabia, con la cabeza de tu compañero en tu hombro y piensas: «Joder, qué putada»; sí. Es una putada, te lo concedo, punto. Pero no es el dolor de la vida, no es una putada de la vida, es una putada deportiva, contra aquello por lo que vives y quieres, es una putada que no celebras con tus amigos, vale, es todo eso; pero no es una putada de la vida, no es un golpe que te reserva la vida, cuando naces, para cuando cumplas veintidós años y pierdas a tu hermana; pero no seas autista y te limites a pensar en que te lo pasarás muy mal porque perderás a tu hermana, sé humano y piensa que tu hermana ya no estará nunca más en ninguna parte; que fue ella quien se marchó, que fue ella quien se perdió treinta o cuarenta años más de su vida con todo lo que éstos le podían aportar. Piensa en esto.

¿Que si me he perdonado a mí mismo, si pienso que algún día podré perdonarme? No sé qué significa «perdonar». Silvia, mi mujer, me ha ayudado mucho, pero realmente mi perdón no tiene importancia, no me interesa: creo que así estoy más cerca de Rosa. No, no quiero perdonarme, no me interesa, no quiero liberarme de todo y pensar: «Bueno, ya pasó»; no, no pasó, Rosa estará siempre a mi lado. «Hubieras podido ser más rápido o más lento», ya lo sé, pues sí, hubiera podido ser más rápido y la hubiera podido salvar; pues sí, quiero pensarlo, quiero sentirlo.

Han pasado veinticuatro años y la vida, día a día, ha ocupado el territorio. El tiempo me ha curado el dolor y me ha reconciliado con la felicidad en el deporte, los amigos y el amor. El dolor ya no me impide respirar, pero a Rosa la vivo, la tengo presente, tengo aquí su imagen y llevo su retrato en la cartera.

La sigo queriendo, claro está, de tal modo que una parte de la gente que he sentido más cerca y que me «ha ganado» más, ha sido la que, pasados los años, me ha hablado de Rosa.

Años después de su muerte, un hombre de quien supe que había estado secretamente enamorado de Rosa, me escribió una carta hablándome de ella, de cómo era ella. ¡Al cabo de doce años de su muerte! Era una persona a la que conocía, sí, pero a la que no veía desde hacía diez años; cuando me llegó la carta pensé, «¿Quién será éste?, Ah, sí, ya sé. ¿Y qué querrá de mí?». Al cabo de doce años. Me hablaba de Rosa. Esta carta me llenó tanto... O que alguien, por la calle, o, como hace unos días, comiendo con un viejo amigo periodista, va y se detiene y me dice: «Es que tu hermana... ¡era tan guapa!». Han pasado veinticuatro años, y en aquella comida no estábamos hablando de Rosa, y sin embargo: «... es que era tan guapa, me gustaba tanto, la admiraba tanto...».

Esta gente, diciéndome estas cosas, me ganan, me ganan para toda la vida. Si en esta comida, en vez de hablarme de Rosa, me dicen: «Coño, qué bueno eras, qué bueno, cuántos campeonatos ganaste...», bueno, al terminar la comida todo se hubiera limitado a un «hasta la vista», sin más. O una carta como las tantas que he recibido, de admiradores, de seguidores..., fantástico, pero punto. Pero esto de revivir a Rosa me gusta; de que haya gente que, pasados los años, la recuerden como lo hacen.

Y... por último:

La vida de Albert ha sido siempre muy dura; hace cuatro años se casó de nuevo, ella se llama Marta y le ha devuelto la serenidad; en casa todos la adoramos. Quedó embarazada de una princesa que llegaba encontrándonos a mí, mayor, casado y con dos hijas a punto de ir a la universidad; a su padre con otros dos hijos, uno de veintidós y otro de dieciocho años, y él absolutamente perdido por ella...

Albert y Marta me llamaron y me dijeron: «Manel, tú serás el padrino; elige el nombre de la niña». Y así, un día en casa, cuando todos estábamos cenando, dije con la mayor delicadeza para no herir a papá en su tristeza antigua: «Mirad, vosotros sois los padres, haced lo que queráis; pero si tengo que elegir yo el nombre, me encantaría que fuera el de nuestra Rosa». A papá le hizo ilusión la propuesta, y así pudo vivir el nacimiento y el primer año de esta niña antes de irse él definitivamente, y se pudo volver a pronunciar en casa el nombre de Rosa, como nunca más se había hecho desde el maldito día de la primavera 1985.

5
Ellos y nosotros

La historia –o la leyenda– del waterpolo español se inició en el puerto de Barcelona a finales del siglo XIX, cuando, a la llegada de las naves irlandesas e inglesas, los estibadores del puerto organizaban en la escollera con los marineros partidos de «futbol en el mar», en los que los golpes y las perrerías primaban, aparentemente, por encima de los goles que había que marcar encajando la pelota en algún lugar, quizás una balsa en cada extremo del «campo», quizás un par de «porterías» construidas con palos colocados a la buena de Dios. En algún lugar existen todavía fotografías históricas donde se puede apreciar el primitivismo de este juego que constituye el precedente del waterpolo catalán, a su vez precedente del waterpolo español.

A partir de aquí y del conocimiento de que en el extranjero se estaba practicando un deporte llamado *Football in the Water* o *Aquatic Polo* –deporte acuático que en realidad se parecía más al rugby que al polo y al fútbol europeo propiamente dicho– se estableció el primer equipo de waterpolo en el seno del Club Natació Barcelona, al que siguieron como pioneros el del Club Natació Athlètic (que después se llamó «Barceloneta») y el del Club Natació Sabadell hasta llegar, en 1920, a la fundación de la Federación Española de Natación Amateur, legalmente necesaria para participar en los Juegos Olímpicos. En los inicios, por ejemplo en la Olimpíada de París de 1916 –y así fue hasta tiempos recientes, salvo excepciones puntuales–, los equipos de waterpolo estuvieron formados exclusivamente por deportistas catalanes o, en un ámbito más reducido todavía, de los clubs Barcelona y Barceloneta.

Siempre se ha dicho que el waterpolo es una familia: es una frase tan sugerente como fiel a la realidad. Realmente, si repasamos la historia de sus orígenes en Barcelona, después en Catalunya y a continuación en España, encontramos siempre a los mismos protagonistas dentro de una misma generación y a los mismos nombres en las sucesivas generaciones: los hijos, los padres, los abuelos y los bisabuelos del waterpolo se repiten en todas partes casi como una herencia testamental. Ahora, afortunadamente, la familia se ha expandido y el waterpolo tiene un papel en prácticamente todos los clubs de natación catalanes, y cada piscina de este país cuenta con un equipo más o menos fuerte de waterpolo... Todo se debe al empuje inicial de los primeros pioneros y de sus seguidores.

Hasta aquí, lo que me han explicado, lo que he oído y leído de antes de mí.

Manresa y yo

Por mi parte, nací en 1961 y, a una edad que sólo mi madre era capaz de determinar, alguien me hizo volar por encima de una piscina y así empecé a nadar de golpe, y, después, a practicar el waterpolo. Con quince años, en 1977, entré en una selección española compuesta por deportistas catalanes más un compañero procedente de Madrid, Pepe Alcázar, quien de todas formas vivía y competía en Barcelona.

Mi trayectoria en el waterpolo se inició y tuvo su primer desarrollo en mi Manresa natal, tierra adentro, mucho frío en invierno, en un ámbito eminentemente doméstico. A los dieciocho años di el «gran salto» para jugar en Barcelona. A esa edad y en aquel tiempo, los sesenta y cinco kilómetros que separan Manresa de Barcelona eran un «gran salto»; yo, entonces y allí, no me había parado a pensar en que podría llegar a ser esto o lo de más allá con éste o aquel equipo, era el menor entre los míos y estaba en paz con el mundo.

Pero llegó el momento en que, con dieciocho años, acudieron los grandes clubs de Barcelona con la intención de ficharme, con lo cual era evidente que tenía que abandonar el círculo manresano cálido, reducido, casi maternal. Me vinieron a buscar. Fueron ellos quienes vinieron. Mi padre y yo no cabíamos en nuestros cuerpos: en Manresa, solicitados por los grandes de la capital. En aquel tiempo esos grandes eran el Club Natació Barcelona y el Montjuïc, éste muy fuerte, campeón de liga. Los dos presidentes, cada uno por su lado, se reunieron con mi padre, interesados en ficharme.

Bueno, no nos engañemos: en aquella época, que un gran club te fichara significaba que te pagaban los estudios..., y que, más que nada, eran ellos quienes te daban a ti la oportunidad de jugar en su equipo.

Pero los dos grandes me buscaban y presionaban; yo tuve reuniones con los dos entrenadores, y viví por primera vez la sensación de ser apetecido. Y era que me querían, me querían los dos equipos porque a los dieciocho años yo ya jugaba muy bien: es decir, se me veía talento y progresión. Ambos entrenadores, que eran extranjeros y ya me conocían, pretendían contar conmigo en sus respectivos equipos y, en consecuencia, sus presidentes me querían también. Y así mi padre y yo pasamos aquel verano sin saber de qué lado decantarnos... A mí, el Montjuïc me encantaba porque tenía amigos en aquel equipo, Pere Robert, Enric Bertran... y en el Barcelona también los tenía: compañeros de la selección y gente del waterpolo en general...

Lo que me ofrecían los dos clubs era poco y lo mismo, pero colmaban las pequeñas dosis que yo le pedía a la vida; ambos equipos eran perfectos, eran equipos grandes. Finalmente me decidí, pero en cualquier caso, lo que quedaba claro era que la etapa de Manresa –Albert, que era mi hermano en la vida y mi capitán en la piscina, la piña de amigos compañeros del mismo equipo–, había concluido para mí.

El «gran salto» de Manresa a Barcelona

Creo que me decidí por el Club Natació Barcelona, porque entre sus jugadores se contaba el que a mi modo de ver era el mejor de España o, por lo menos, aquél a quien yo admiraba más como jugador puro, que era Joan Jané.

Empezaba la segunda etapa de mi vida; en la primera, había querido jugar como mi hermano, y ahora ya lo había conseguido, ya jugaba mejor que mi hermano; así pues, mi mirada se proyectaba alrededor buscando un horizonte más amplio. Había conseguido lo que había querido y ahora quería más. Tenía dieciocho años y llevaba ya tres jugando con la selección española.

Ahora quería jugar en el equipo de Jané. Ya hacía años que Jané era un jugador de referencia, junto con

Joan Sans; Jané era mi ídolo. Aquel verano, Jané había tenido algún problema con la selección y no jugaba con ella, yo sí. Después de un partido que me había salido muy bien, mi gran mito se me acercó en persona:

– Manel, ¿puedo hablar contigo?

El cielo se estaba abriendo frente a mí. Yo estaba todavía en albornoz, de buen humor por el partido realizado, el mismísimo Joan Jané me pedía que habláramos.

– Mira, Manel, es que el Barcelona... Me haría mucha ilusión jugar contigo en el equipo.

¡Uau, me estaba diciendo exactamente lo contrario de lo que yo podía esperar! ¡Era yo quien lo hubiera dado todo por jugar con él! Y en cambio:

– Mira, Manel, me haría mucha ilusión jugar contigo porque tú... y porque tú... y porque tú. Haremos... haremos... haremos.

El Club Natació Barcelona

Estoy seguro de que Jané actuaba como enviado de los directivos para convencerme de que fichara por el Barcelona.

O sea, que probablemente fue esto lo que me decidió. Conociéndome como el pasional y soñador de siempre, pienso que Joan Jané fue quien debió de decantarme definitivamente por el Club Natació Barcelona, «Barça» para los amigos, aunque no debe confundirse con el club de fútbol del mismo nombre.

Y allí estuve cuatro años durante los cuales ganamos tres ligas...

Y la Copa de Europa. Hoy día ya son muchos los equipos españoles que las ganan y hay muchos deportes en los que se compite por este trofeo. Pero en aquella época, y en waterpolo, el primer equipo en España que conseguía una Copa de Europa fue el nuestro. En waterpolo, digo, y en 1981; no estoy hablando de los grandes deportes de masas –fútbol, baloncesto y quizás unos pocas más– en los que equipos como el Real Madrid ya estaban en este nivel. En aquel momento, España estaba en el undécimo lugar en el ranking mundial del waterpolo.

Pero la copa la ganamos nosotros: jugamos las sucesivas fases y ganamos, jugamos la semifinal y la ganamos, y ganamos también la final en casa, porque el sorteo había designado a Barcelona como sede del torneo. Los equipos rivales eran holandeses, húngaros y alemanes. El viernes ganamos a los holandeses por un gol: sufrimos porque eran un equipo de nuestro nivel y nos costó un buen esfuerzo. El sábado nos esperaban los húngaros; los húngaros eran los dioses del waterpolo, estaban más allá de mi Jané, eran los mejores del mundo y los teníamos aquí esperándonos, estábamos a punto de enfrentarnos a ellos, yo iba a tener frente a mí, vivas, a las figuras que coleccionaba devotamente en cromos. Iba a ser el sábado y nos aterraba la paliza que nos podían propinar.

Ganamos por 15 a 12. Los catalanes, el Barça, los de aquí, yo entre ellos, hicimos un partidazo. La piscina del Sant Jordi gozaba a reventar.

Para el domingo, teníamos la final contra el Spandau, el equipo que prácticamente componía la selección alemana, ya que nueve de sus once plazas estaban ocupadas por sus jugadores. Habían ganado el campeonato de Europa, eran el mejor equipo de Europa, no ya de clubs sino de naciones, y nuestro equipo iba a hacerle frente.

Les ganamos por 8 a 7 con un gigantesco Jané que metió cinco goles.

Hasta entonces, yo, en Manresa, en un equipo bajo el mando de mi hermano, había saboreado victorias prácticamente familiares, ciertamente lo más importante en aquel mundo que era el mío... Pero he aquí que de repente, muy poco tiempo después, me encontraba abrazándome con compañeros de un equipo que podía con los mejores del mundo.

¡Campeones de Europa! Aquello era una heroicidad, porque en 1981, cuando nuestro waterpolo se encontraba bastante atrás, ganar claramente a los dioses era una gesta de héroes.

1. Mis padres. Vivían mi actividad deportiva con inmensa pasión. Era parte de sus vidas.

2. Rosa y Albert muy jóvenes. Yo aquí debería de tener doce años, Albert, diecisiete y Rosa, quince. Mis hermanos, mis héroes, mi familia, mi referente. La única foto que tengo de ellos dos solos. Esta foto ha estado siempre en la habitación de mis padres. Estaban llenos de sueños, de vida, de ilusiones. Son mis hermanos, mi familia.

2

3

4

Albert Canal Yo

3-4. El Club Natación Manresa, "mi" club, que ya no existe. Mi piscina, mi agua, mis horas allí, mi empezarlo todo. Aquí está el principio de mi vida deportiva: mis primeros amigos para siempre; el aprendizaje de la natación que me servirá para siempre; el del waterpolo, con mi hermano, lo que será mi vida; mi primer entrenador, Josep Claret, quien me enseñó tantísimo; mi primer... de tantas cosas. Todo empezó aquí: en el Club Natación Manresa. A este club y a la ciudad de Manresa les tengo un cariño enorme, hablo siempre de ellos y su recuerdo es mi gran tesoro. Por lo que respecta a la foto de abajo, Neus Panadell fue la primera atleta olímpica manresana (Múnich '72), y Montserrat Majó fue compañera de Rosa en el equipo olímpico de Montreal '76

5

Yo Rosa Albert Canal

6

5. Cuando nos hicieron la foto de arriba, yo tenía siete años; era el más pequeño y ya se ve que iba a mi bola... Íbamos descalzos y lucíamos el chándal del Club. Poseer el "chándal del Club" era para nosotros un logro, un mito.

6. La foto de la izquierda me la hicieron para el *Diario de Manresa* cuando –con quince años, sin haberme desarrollado por completo, y para enfado de muchos–, fui llamado a la Selección española absoluta para debutar con ella en Jönköping.

Jordi Estefanell · Miguel A. Lorenzo · Albert · Jaume Esquius · Toni Majó

7

Jaume Miret · Pere Santamaria · Yo · Albert Canal · Gaspar Ventura · Pere Estefanell

7. Esta foto es de 1978, cuando el Club Natació Manresa –cuyo equipo de waterpolo siempre había sido de pioneros, de aficionados, de gente entusiasmada jugando en segunda división–, por primera vez en la historia quedó subcampeón de España. Éramos una familia: los Estefanell, los Estiarte..., los amiguetes, nosotros. Y la piscina se llenaba de público hasta venirse abajo.

Diego Ódena "Chicho" Yo Jordi Carmona Joan Jané

8

Walter Sabrià Miguel Chillida "Miguelo" Joaquim Barceló Ernesto González

8. Con el Club de Natació Barcelona, cuando en 1981 ganamos la Copa de Europa habiendo jugado la final contra el Spandau. Hay jugadores, como Marimón o Leandro Ribera, que no se ven en esta fotografía porque quedaron escondidos tras el barullo de los hinchas.

9 

9. Primer *"Scudetto"* que gané en Italia, con el Pescara, que dos años antes estaba en segunda división. En la piscina no cabía más gente, cinco mil quedaron en la plaza mayor de la ciudad siguiendo el partido como podían. Cuando terminó el partido, hubo invasión del "campo": la piscina se llenó de público vestido con nosotros en medio, asustados. Me sacaron a hombros...

10-11. En la primera foto, correspondiente a la final de Barcelona '92, éramos campeones olímpicos durante 42 segundos. Yo, con la ceja sangrando, acababa de marcar el penalti.

La segunda foto corresponde al mismo partido; a la derecha, Jesús; yo estoy marcando al italiano Ferretti: como se ve, los tres nos encontramos, en este partido tan intenso, perfectamente concentrados en alguna jugada que se está desarrollando hacia la izquierda de la imagen.

12

12. Jesús, Sergi Pedrerol, Marcos González, Rubén Michavilla, yo, Dani Ballart, Ricardo Sánchez, Chiqui Sans... y los que no se ven. Final de waterpolo en los Juegos Olímpicos de Barcelona '92. Estamos esperando para subir al *segundo* cajón del podio. Hemos ganado una medalla de plata por la que, antes de los Juegos, ya hubiéramos firmado todos, pero que, una vez terminado el partido, nos ha parecido un castigo tremendo. Esto es tristeza.

13-15. De arriba abajo, Salvador Gómez "Chava", Pedro García, "Toto" y Jordi Sans, "Chiqui".

Deportistas, personas extraordinarias. Muchos años pelota mía-pelota tuya, pero sobre todo muchos años conociéndonos, conviviendo, ganando, perdiendo, aprendiendo, creciendo... Siempre, siempre juntos.

13

14

15

16

Chava | Sergi Pedrerol | Mi hermano Albert, médico del equipo | Yo | Toto | Sant Ferná segu entre

16. Atlanta '96, final de la final. Sobran los comentarios. En este momento, nosotros somos felicidad pura. Campeones olímpicos: nosotros. Amigos,

di Iván Moro Pere Robert,
à jefe del equipo

compañeros, familiares, todos metidos en el agua, este abrazo con mi hermano es imposible de describir.

17

19

17-29. Los mejores del mundo. A la izquierda y al lado, Atlanta '96; el abrazo es con Joan Jané, mi primer ídolo y ahora entrendor..
20. Abajo, Perth '98, Campeonatos del Mundo; medalla de oro.

20

21

21. Sídney 2000. Abanderado de todas las selecciones españolas en el desfile inaugural. Sextos y últimos Juegos Olímpicos en los que participo.

23 *(a la derecha)*. En 2001 recibí el Premio Príncipe de Asturias de los Deportes. Me lo comunicó por teléfono, muy emocionada, doña Pilar de Borbón. El Príncipe también me llamó a los pocos días, para felicitarme.

El premio, para mí, tiene un doble sabor: por venir de quien viene y ser muy importante, y, además, porque lo recibí rodeado por mi familia. En la foto, de izquierda a derecha: papá, yo, mamá, Su Alteza, Silvia y Albert.

22

22. Juan Antonio Samaranch es como mi padre en el deporte. Él es para mí el Primer Hombre del Deporte en España.

23

24

24. Con Pep Guardiola, la máxima expresión de la amistad: lealtad, sinceridad para lo bueno y lo malo, protección, valores, buen rollo. Soy muy feliz de poder contarle entre todos mis hermanos.

25

25. Mis hijas, Nicole y Rebecca, mi sangre, mi oxígeno, mi pan, mi sueño, mi despertar: son mi felicidad para siempre.

En la piscina, aquel domingo, alcancé a tocar por primera vez el éxito verdadero, me dije: «¡Qué pasada!»... Aquellos cuatro años en el Barcelona fueron fantásticos, me marché después con una oferta procedente de Italia, pero eso ya llegaría después; ahora estaba con un equipo inmenso: Salvador Franch en la portería, Joan Marimón, Toni Aguilar, Jordi Carmona, Joan Jané, Joaquim Barceló, Manel Estiarte. Éste era el equipo titular. Por detrás teníamos a dos chavales, llamados Miguel Chillida y Diego Ódena que estaban destacando y otros más, Leandro Rivera, Jordi Pàmies, Walter Sabrià y Ernesto González, que jugaban menos. Pero estos siete junto con los otros dos, teníamos ya la primera copa para el waterpolo en el Estado Español. Fue fantástico.

«Nosotros»

Pero esto sucedía en Catalunya, y la selección de España era sobre todo un reflejo de lo que sucedía aquí: en el fondo, la selección éramos nosotros, los herederos de aquellos trabajadores portuarios que organizaban partidos de pelota en el agua con los marineros que atracaban en el puerto de Barcelona.

Nadie sabe por qué no sucedía lo mismo en el resto de España; la tradición del waterpolo no había arraigado (en muchos lugares ni siquiera se había sembrado), incluso hoy siguen faltando no sólo equipos, sino incluso piscinas en no pocos territorios españoles. Hay niños que contemplan el waterpolo en la televisión y, tanto si quisieran practicarlo como si no, el caso es el mismo porque no tienen una piscina disponible en la que organizar un partidillo a la pelota. En otros lugares, hay piscina y posibilidad de waterpolo, pero falta tradición y no salen jugadores, como sí sucede entre nosotros.

Esto es lo que viví y revivo como si estuviera sucediendo hoy.

Entre una cosa y otra, en compañía de algún sorprendente deportista de Madrid, entre otros, yo había participado ya en dos Juegos Olímpicos –Moscú y Los Ángeles– y me estaba preparando para unos terceros: Seúl.

Hay cosas sorprendentes en la vida. Yo ya jugaba en Italia y supe que estaban llegando waterpolistas de Madrid que jugaban muy bien, que tenían calidad más que suficiente para entrar en la preselección. La preselección, por supuesto, era el conjunto de jugadores del cual saldría la selección que viajaría a la competición que se preparara, en este caso Seúl '88. Para entonces los equipos ya no estaban compuestos por siete ni por once sino por trece jugadores y en la selección podían entrar hasta veinticuatro candidatos.

Mis primeros hermanos madrileños

A la primera convocatoria de la selección llegué con un día de retraso. Creo que la concentración fue en Andorra, en todo caso, en la montaña. Cuando llegué, saludé al entrenador y a mis compañeros catalanes, y estos me hablaron de los recién incorporados «madrileños». Yo tenía ganas de conocerles, más que por madrileños, porque se trataba de muchachos jóvenes: siempre he sido muy sensible para con los jóvenes que se incorporan a los equipos. Me veo a mí mismo, a mis quince años, asustado, metido entre ases.

De modo que asumí mi papel de capitán y fui a saludar a los muchachos madrileños para tranquilizarles, darles ánimos, acogerles y mostrarles mi mejor disposición.

La primera impresión que recibí fue la de sus manos, las de los tres que estreché en aquel momento: Chava, Jesús y Toto. Eso fue lo primero que aprendí de ellos, sus motes, no sus nombres: Salvador Gómez, Jesús Rollán, Pedro García. A Chava me lo presentaron el primero; estaba en el restaurante y ni siquiera en el primer momento vi en él el más pequeño asomo de sentimiento de miedo o preocupación: lejos de esto, ofrecía por encima de todo familiaridad: «¿Qué tal?», «Muy bien»...

Pregunté por los otros dos y me comunicaron que estaban enfermos; subí a la habitación y los encontré con fiebre, de modo que los saludos fueron más «formales»: «Mucho gusto» y estas cosas...

No sé si voy a ser capaz de explicar qué tipo de relación se estableció con estos tres muchachos y con los que fueron llegando después: Miki Oca, que era más joven, e Iván Moro, un año más tarde, que todavía lo era más.

Estos constituyeron la esencia de «los cinco de Madrid».

Junto con ellos fueron llegando también otros que no fueron menos importantes, pero con los cuales no tuve una relación tan intensa: Daniel, hermano de Iván Moro, Sánchez Toril y otros.

«Ellos»

Iván, Miki, Chava, Jesús y Toto fueron, a partir de aquel día en Andorra o donde fuera, el grupo esencial de «Ellos».

¿Qué pasó? Desde la perspectiva actual advierto que de entrada percibí en ellos, al mismo tiempo, una extraordinaria forma física y una extraordinaria calidad como jugadores. No conocía todavía su calidad humana, su claridad mental, pero físicamente se trataba de gente de casi dos metros de altura y con unas espaldas potentísimas; los catalanes no éramos estatuas, sino más bien pequeños (yo sobre todo) y poco musculosos porque, hasta ese momento, «nuestro» waterpolo español se había basado más en la agilidad, el movimiento y la astucia que en la fuerza y la potencia. Llevando las de perder, claro.

Los muchachos de Madrid eran unos críos, pero nos miraban de arriba abajo, eran potentes... y sabían jugar. El misterio consistía, entonces y para mí, en descubrir cómo habían aprendido a jugar a waterpolo en la capital del reino, estepas adentro, cómo habían ido fichando progresivamente por los equipos barceloneses y del área de Barcelona, y cómo habían alcanzado su plenitud deportiva. Porque ellos habían aprendido a nadar en Madrid, en Madrid habían empezado a jugar al waterpolo, en Madrid, un lugar carente de tradición «acuática»... a mi modo de ver de entonces.

No existen las casualidades ni brotan generaciones por sí solas. Por aquel entonces, entre 1980 y 1986, Cornel Marculescu, un waterpolista que había jugado con la selección rumana pero que sobre todo se había distinguido como árbitro, fue fichado por la Federación Española de Natación en una operación muy inteligente, y estaba sembrando la afición a nuestro deporte en Madrid, Sevilla y otros puntos. Este hombre se puso a trabajar en serio en colegios, clubs y centros deportivos; tras su labor hubo la de personas como Mariano García y la de los propios clubs... Detrás de un deportista nunca hay una sola persona: están la familia, los hermanos, los educadores, el propio esfuerzo de la persona (Toto y Miki se hicieron a sí mismos).

Cornel había puesto las semillas, y fue Toni Esteller, el seleccionador que nos llevó a los Juegos de Seúl, quien tuvo la inteligencia, la intuición y la osadía de recogerlas y apostar por aquellos jugadores de Madrid que con dieciocho años llegaban a Barcelona y se integraban en la selección.

Yo percibí de inmediato en ellos una altísima calidad deportiva: sabían lanzar, sabían jugar, comprendían el waterpolo como nadie, sabían estar en el campo, eran fornidos. Pero más allá de todo este conjunto de cualidades, pude ir apreciando en ellos, a lo largo del tiempo, su cualidad principal: su carácter.

«Carácter« es una palabra que se puede interpretar de mil maneras; por tanto, cuando dices de una persona que tiene «carácter», no estás diciendo que los demás no lo tengan. Nosotros, los catalanes, tenemos carácter, un carácter muy relacionado con la disciplina, el esfuerzo, el cumplimiento del deber; somos luchadores, por supuesto, pero nos falta algo que debería situarse entre la chulería, la seguridad en nosotros mismos, la inmensa cara dura..., lo que los italianos llaman *«spavalderia»*.

Y estos madrileños, ¿qué tenían?

Les costaba más entrenar, se quejaban más, se enfurruñaban... Joder, ellos querían la pelota para jugar y con esto les bastaba, todo lo demás les sobraba: el sacrificio, la natación, las pesas... Si las pesas les gustaban era porque les permitía fardar de brazos, no porque para ellos tuvieran otra utilidad.

Se quejaban, eran desordenados, indisciplinados... Pero tenían una seguridad, una convicción y una fe en sí mismos magníficas.

Más sobre «ellos»

Hay detalles y anécdotas. Una vez, en una reunión entre los tres que llegaron primero y yo, su capitán, yo les adiestraba para que aprendieran a perder. Íbamos a jugar contra los rusos y les preparaba para perder de diez, o de seis, o de tres, porque a los rusos nosotros no les íbamos a ganar ni locos. Y les daba consejos para que en el partido pudiéramos organizarnos de la mejor manera a fin de salir de allí lo menos estropeados posible. Aquellos niños de dieciocho años me pararon los pies: «Capitán –me dijeron, o quizá no me llamaron respetuosamente "capitán", sino que simplemente me desafiaron con un "Manel" a secas–, todavía no hemos empezado a jugar; a esos, ni rusos ni hostias, vamos a ganarles». Perdimos, claro está, pero quedaba clara su mentalidad: ni un paso atrás, nada de resignación, ¿qué me estás diciendo?

Recuerdo a Toto y Jesús, dos horas antes de una final comprometida, en un McDonalds poniéndose guarros con un *hot-dog* gigantesco. Yo me desesperaba con ellos porque continuamente se estaban cargando los principios elementales de una dieta deportiva y en esta ocasión lo hacían inmediatamente antes de ir al partido. Su argumento era invariable: «Manel, yo tengo que estar bien de aquí» (y se señalaban la barriga). Sí, cabrón, pero te estás metiendo en el cuerpo un *chesse-burger* de no te menees y juegas dentro de dos horas.

Ellos eran unos críos plenamente entregados al equipo de la selección, pero que a la vez necesitaban sentirse a gusto, habían crecido en plena libertad mental, habían fichado por equipos catalanes, carecían de una familia que los arropara de cerca, vivían juntos en una residencia, Madrid queda muy lejos de Barcelona, tenían algún dinero y alguno de ellos, como es conocido y no soy quién para juzgarlo, jugó con fuego y acabó quemándose.

A ver, no se quemó por ser deportista de élite, la proporción de «quemados» entre deportistas y gente normal de la calle es muy similar.

Ellos sufrieron mucho y quizá si yo hubiera estado más atento, hubiera podido ayudarles en mayor o menor medida según la oportunidad del momento.

En los campeonatos de Europa de Sheffield '93 quedamos terceros porque «san» Jesús se rompió la mano durante la competición por aquellas cosas que tenían «ellos» para bien y para mal. Le podía pasar a cualquiera, me podía haber pasado a mí, y ahora, cuando lo recuerdo, es que me da hasta ternura lo que sucedió, aunque en aquel momento se me llevaban los demonios.

Nos habíamos preparado durante todo el verano para los campeonatos de Sheffield, buscábamos con todas nuestras fuerzas la revancha de Barcelona '92, y Jesús, en plena competición, a la salida del tercer encuentro que habíamos ganado como los dos anteriores, se lió a jugar con Toto a perseguirse y tirarse cosas, como dos críos de colegio, inconsciente de lo que representaba para el equipo su integridad; resbaló y se rompió los huesos de la mano.

Así era el alma de «ellos», de Peter-Pan, y así perdimos el campeonato porque con Jesús en la portería hubiéramos ganado con toda seguridad.

Pero en el fondo, añoro con toda mi alma esa manera de ser; eran genuinos, auténticos.

«Ellos» más «Nosotros»

Bueno, en este equipo podía haberse producido un problema muy grave: por una parte, que «nosotros» nos plantáramos inconmovibles frente a ellos: «¿Qué decís, adónde vais, mocosos? ¿Con dieciocho años vais así de sobrados?». Como un muro inexpugnable, el castillo barcelonés defendiéndose de la invasión madrileña que avasallaba, y bla, bla, bla, bla...

Pero no hubo nada de esto, sino el ejercicio de una gran madurez por parte de todos los que ya estábamos allá, o de una gran capacidad; en cualquier caso la base que nos permitió después llegar adonde llegamos. Lo que nosotros hicimos fue absorber ávidamente todo lo bueno de ellos, y ellos absorbieron todo lo que nosotros teníamos de bueno.

Con el tiempo, ellos empezaron a entrenar como nosotros; a luchar, es decir, a sufrir en los entrenamientos, porque a ellos les suponían un esfuerzo muy grande. A la hora del combate, eran gladiadores en la arena, pero durante la semana, seducidos por la buena vida, todo era enfurruñamiento.

Empezaron a comprender la palabra «sacrificio», a aceptar como nosotros (si no más que nosotros) todo el esfuerzo que hay que hacer y el sacrificio que hay que asumir para llegar a lo más alto.

Y nosotros aprendimos de ellos, vaya si aprendimos: nos enseñaron a picarnos en cada partido, a dar y recibir bofetones, a enfrentarnos a quien fuera, a liarla siempre, aprendimos a ser gladiadores como ellos... dentro del campo. Y aprendimos que, cuando salían, fin, se había terminado el partido, aquí no pasa nada, se habían terminado las peleas y el combate, todos en paz con todos.

Cuando un grupo de personas se ve enfrentado a algo irremediablemente duro, este grupo se convierte en una piña.

Tampoco quiero decir que ellos únicamente fueran capaces de comprender la lucha y los golpes, por supuesto que no. Pero no se arrugaban por nada.

Nosotros éramos más remirados, más como respetuosos, ellos eran más chulos, más caraduras.

No nos dimos cuenta, no fue cuestión de un día en que todos cayéramos en la cuenta de que era necesario hacerlo, no hubo nunca un conflicto definitivo, ni un momento de crisis dramática, ni una catarsis, sino que la ligazón se fue forjando a lo largo de los días en los que se fue creando un bloque, un bloque compacto: un equipo.

Creo que en todo esto hay algo muy importante, y es que cuando un grupo de personas –en este caso jugadores, pero en la base siempre personas– se ve obligado a enfrentarse a un entorno difícil, o a un mundo inesperado, o a algo irremediablemente duro, ese grupo se convierte en una piña.

Creo que, en la vida, cuando se te impone casi un infierno, algo que te hace llorar de rabia, de impotencia, de sufrimiento...; pero igual que te lo hace a ti, Manel Estiarte, te lo hace también a ti, Toto, también a ti, Jesús, y así, en cadena, a todos los miembros del grupo... Entonces todos nos unimos porque sólo todos juntos seremos capaces de imponernos –cada uno de nosotros–, por encima de la adversidad.

Dragan

Lo he dicho hablando de Barcelona '92. Estoy seguro de que para aquellos Juegos Olímpicos nadie había entrenado más que nosotros; insisto: admito que alguien lo hiciera igual que nosotros, pero no más. Nosotros pasamos un infierno. La selección nos puso un entrenador yugoslavo que nos sometió a un infierno innecesario. Yo soy el primero en creer en la necesidad de la disciplina; soy el primero en creer en el valor del esfuerzo, y cuando hablo de mí, hablo finalmente de todo el equipo, quien más, quien menos.

Pero cuando el sacrificio se impone con prepotencia, sin necesidad, con arrogancia y sin prudencia porque en deporte lo irracional puede generar una lesión (como sucedió en el caso de Jesús, quien más adelante tuvo que permanecer seis meses inmóvil a causa de las lesiones en sus rodillas), es odio lo que suscita. Yo, con este entrenador, experimenté el odio y conmigo, todos los componentes del equipo.

Con aquel hombre, sin embargo, dimos el salto importante; le concedo la posibilidad de que él tuviera un papel relevante en nuestra evolución, pero la propia calidad del equipo un día u otro había de estallar por sí misma.

Este entrenador nos puteó a todos sometiéndonos a una prueba física y mental extraordinariamente cruel. Fue una prueba tan dura y difícil que raramente la superaría la gente común. Eran pruebas de esfuerzo físico sin pelota de waterpolo: «pruebas de esfuerzo físico» significaba, para este mastín, diez horas diarias de trabajo: levantarse, desayuno ligero y empezar a entrenar físicamente, correr y correr: los nadadores no sabemos correr; peor, no sabemos pisar el suelo porque desde pequeños estamos en el agua; por tanto, correr, para él, formaba parte del sufrimiento necesario; a la salida del hotel había un camino pedregoso que ascendía monte arriba ocho kilómetros y teníamos que subir corriendo esos ocho kilómetros y a continuación bajarlos corriendo también (además, para el descenso teníamos que ir frenando y las rodillas se nos ponían como balones. Y entre tanto, el médico, callado).

«Pruebas de esfuerzo físico» significaba también natación, nadar y nadar kilómetro tras kilómetro, no dos ni tres, sino trece o catorce al día; significaba nadar con cinturón de pesas; significaba sesiones de dos horas diarias de pesas; significaba presión mental continuada, ataque mental sin cesar:

– No sirves.

– Eres un mierda.

– No sabes sufrir, no soportas el sacrificio.

Bueno, después de tales carreras monte arriba y monte abajo, al día siguiente la mayoría nos levantábamos con las rodillas hinchadas y deformes. Un día uno, otro día otro, todos íbamos destrozándonos las rodillas, y el médico seguía callado. El entrenador, con su castellano sincopado de croata malnacido: «Estos españoles estás malcriados y no sabes sufrir, yo enseñaré a sufrir a españoles, pero no con dolor físico, no; dolor físico no importante; yo enseñaré a sufrir espiritualmente. Ustedes se queja, sube; ustedes mal en rodillas, sube también: si no puede corriendo, sube caminando;

si no caminando, sube arrastrando; y si no arrastrando, sube con las cejas».

Por tanto, la imagen del día era que unos subían más o menos corriendo como podían mientras otros subían caminando y bajaban caminando, cojeando o como pudieran. Y el salvaje, en su todoterreno arriba y abajo, siguiendo a toda la expedición y azuzándonos como a perros.

«Ustedes se queja, sube; ustedes mal en rodilla, sube también: si no puede corriendo, caminando; si no caminando, arrastrando; si no arrastrando, sube con las cejas».

«Pruebas de esfuerzo físico» significa también que antes de cualquier competición oficial, si me da la gana, expulso a uno del equipo, al azar: no al peor ni al mejor, al que más se lo merezca o al que menos, al que más o menos convenga tácticamente al equipo, no, sino al primero que me pase por el forro para castigaros, para que tengáis miedo, para que os odiéis, para que permanezcáis presionados al máximo, para que vuestro estado mental permanezca siempre en tensión.

Era un infierno. Después de la carrera en cuesta, después de dos horas de pesas, empezar a nadar catorce kilómetros y meterte en la rutina mecánica con lágrimas en los ojos y rabia entre los dientes; al lado, tus compañeros en idéntico estado de ánimo.

Así eran los *stages*, en Andorra, previos a los Juegos Olímpicos de Barcelona. La primera consigna del primer día había sido: «Quien no aguante, no va a los Juegos Olímpicos». Allí estábamos entre veinte y veintidós atletas de élite aspirando a formar parte del equipo olímpico. Todos queríamos jugar; con ello, aquel hombre tenía muy claro que nos podía pedir absolutamente cualquier cosa que se le ocurriera, porque lo haríamos. Si nos hubiese mandado que nos lanzáramos desde un puente, desde un puente nos hubiésemos lanzado y punto.

Y ni siquiera yo como capitán del equipo podía acercarme a él y pedirle alguna explicación, alguna justificación de tanta tortura; mi argumento era que, si conociéramos la motivación de nuestro entrenador, con seguridad todos trabajaríamos con mayor entusiasmo.

Y cuando alguna vez me atreví, recibí a cambio una mirada de desprecio que decía: «No te metas donde no te llaman. Vosotros, españoles, no sabéis sufrir como nosotros, yugoslavos. No estáis acostumbrados a la presión, ni estáis acostumbrados a nada. Yo os enseñaré a saber ganar y a saber sufrir».

Bueno, al final uno ya duda de todo y no sabe si realmente sabe sufrir o no (pero yo creo que ya sabíamos sufrir antes de que llegara él para enseñárnoslo). Está claro también que antes nunca habíamos ganado nada importante y que con él, entre 1991 y 1993, tampoco ganamos nada. Nos llevó muy arriba, pero en sus tres años sólo quedamos segundos, segundos y segundos.

Hungría

Este entrenador se merece todas las críticas, pero a veces tenía buenas salidas. Una de ellas se dio con motivo de un partido contra Hungría que organizó recién designado entrenador. Nosotros le teníamos mucho respeto a Hungría, la diosa del waterpolo, la historia viva del waterpolo mundial, la potencia por excelencia, la selección que siempre lo gana todo. Y en pocas ocasiones habíamos conseguido ganar a los húngaros; acercarnos a ellos sí, pero no ganarles, por lo menos en los torneos grandes. Dragan, pues, organizó un *stage* con los húngaros en Barcelona, antes de los campeonatos del mundo y en los años previos a los Juegos Olímpicos. Los húngaros aceptaron la invitación y estuvimos entrenando una semana con ellos; por las mañanas cada selección por separado, y por las tardes, partido contra ellos. Dragan tomó de entre nosotros a dos de los jugadores más espabilados, más jóvenes y decididos (imprudentes), ansiosos de una oportunidad para ocupar un lugar en el equipo, y los engatusó:

– ¿Ustedes quiere ganar puesto en equipo? Pues bien: los demás no ha de saber nada de esto, pero hoy, en pleno partido, tenéis que liar una tangana.

De modo que vamos jugando el partidillo, los húngaros juegan mejor que nosotros que luchamos sin tregua; los entrenadores gritan, táctica, técnica, pim, pam, y de repente de reojo veo que uno de mi equipo le parte la cara a un húngaro. Los húngaros lo ven también, abandonan el juego y van en tromba contra el mío. Automáticamente, nosotros también abandonamos el juego y acudimos en defensa del compañero. La que se lía aquí dentro es de cuidado, de puñetazos para arriba.

Desde ese partido, todos los demás hasta la finalización de la semana constituyeron un continuo de tanganas: los húngaros se quisieron vengar y nosotros nos revolvíamos, un día y otro, pelea tras pelea en el agua y fuera de ella.

Nuestro entrenador había preparado a su manera una estrategia perfecta para que nosotros perdiéramos aquel temor reverencial que teníamos por los húngaros y que nos bloqueaba frente a ellos.

Tres meses más tarde, acudimos al famoso Campeonato del Mundo de Perth de 1991 y allí quedamos, por primera vez en la historia, subcampeones mundiales. ¿Con quién nos enfrentamos en semifinales? ¡Con Hungría! Semifinales contra Hungría. Raras veces habíamos ganado a Hungría en una gran competición.

¿Raras veces? 9 a 8 y los húngaros, a la calle.

Quizá sí que ese entrenador salvaje tenía cosas de carácter, quizá le debimos a él el gran salto, quizás éste sólo se produjo porque ya nos tocaba, quizá de todas formas hubiera llegado, pero más tarde, y él lo anticipó. Sin duda, las reacciones sí las anticipó o provocó, sí encendió la mecha, y en este caso sirvió para que en dos meses nos presentáramos a una semifinal y desbancáramos sin contemplaciones a los mismísimos dioses, aunque luego perdiéramos (por uno) la final contra Yugoslavia.

Ellos «y» nosotros

Pero nos unió. La tortura continuada unió al equipo por debajo de ella y a espaldas del torturador. Nosotros, españoles «que no sabíamos sufrir», nos cagábamos en él: «nosotros», los catalanes, en silencio; «ellos», los madrileños, a voz en grito. De una y otra manera, el resultado fue que nos unimos, y que esta unión nuestra en el sacrificio, en el carácter vencedor, en la mentalidad de lucha y esfuerzo derribó para siempre la mera posibilidad del muro que pudiera llegarnos a dividir en «ellos» y «nosotros». Éramos un equipo.

Ya nunca más «los madrileños» por madrileños, ni nosotros por catalanes (bueno, nos lo podíamos permitir durante un par de horas frente a un Barça-Madrid de fútbol), nunca más: en adelante no éramos más que un equipo, un solo equipo. Un equipo que podía ganar y perder, llorar y reír, soportar enfados sin resquebrajarse. Un equipo que, considerándolo individualmente, tenía muchos límites, empezando por mí, el capitán, Manel Estiarte, una persona con virtudes y con muchos límites; Pedro García, virtudes y muchos límites; Dani Ballart, Chiqui Sans, Miki Oca, Sergi Pedrerol, Jesús Rollán, Salvador Gómez, y demás y demás... Individualmente, algunas virtudes y tantos límites como alcance a percibir la vista; juntos, un bloque granítico, la palabra precisa es «perfectos».

Dentro del agua, silbato agudo, empieza el partido, ya no hay «tú me caes peor o mejor» –lo que, por otra parte, es normal–; dentro del agua, perfectos. Individualmente, hombres; virtudes y límites, momentos y momentos. Juntos, un equipo, perfectos.

Lo que no significa que ganáramos continuamente, que sólo ganáramos, no, no: ganábamos y perdíamos, pero cuando perdíamos era porque habíamos obligado a los contrarios a ser mejores que nosotros, porque nosotros siempre jugábamos muy bien. Si perdíamos, y en todo caso era por poco, sucedía porque la gracia del deporte estriba en que puedes perder.

Por tanto, no éramos perfectos en cuanto que siempre lo ganábamos todo, sino en cuanto a la actitud, en el modo de jugar, en el modo de defender, en el modo de protegernos mutuamente, en el modo de hablarnos, en el modo de entendernos con la mirada sin hablar, en el modo en que tú conocías más que adivinabas lo que yo estaba pensando, y en que yo sabía lo que te estaba pasando a ti sin necesidad de que me dijeras nada.

A medida que fuimos aportándonos mutuamente nuestros valores, fue tomando cuerpo, por sí solo, un equipo indestructible.

Éramos un equipo.

Todo esto se constituyó a partir de un proceso que empezó, por nuestra parte, en la extrañeza por la cara dura de ellos, y, por parte de ellos, en la convicción de que nosotros éramos unos nenas. Y a medida que unos y otros fuimos aportándonos mutuamente nuestros valores, se desvaneció la posibilidad de que se formaran bandos y en su lugar fue tomando cuerpo, por sí solo, un equipo indestructible.

Virtudes y limitaciones. En uno de los *stages* de Andorra previos a los Juegos Olímpicos de Barcelona, bajo la férrea bota del croata, hubo un día en que me porté mal y nunca me arrepentiré bastante, fui un mal líder. Ese día, después de la carrera montaña arriba de la víspera, las rodillas me dolían de un modo insoportable, de modo que me quedé atrás y me puse a andar en compañía de Cillero, quien tampoco podía ya con los ligamentos de sus rodillas... y a quien traicioné. Él sabía que no podría superar el listón en la criba final definitiva, pero a pesar de su convencimiento estaba allí con nosotros sufriendo y llorando, intentándolo como el que más. En estas pasó el automóvil del *Boss* que Dios confunda en compañía de su segundo entrenador; pues bien, detuvo el coche a nuestra altura, abrió la portezuela de detrás desde fuera pero sin bajar del coche y me dijo: «*Al·lo* (siempre utilizaba *«al·lo»* como muletilla), usted, capitán Estiarte, puede subir».

Cabrón, ¿no ves que somos dos los que estamos sufriendo? Ya sé que yo sí jugaré y que meteré goles y que a lo mejor te hago ganar la Olimpíada; ya sé que mi compañero, haga lo que haga, seguramente no será seleccionado, pero aquí estamos los dos, oye, mira...

En diversas ocasiones, en este mismo libro, he confesado que yo no fui un buen líder. Ahora, como en tantas otras ocasiones, si pudiera volver atrás la película del tiempo, le diría, le debería haber dicho: «Oye tú, mira, iros tú y tu coche blanco y déjame en paz que ya subo yo reptando con las pestañas y ya llegaré». Pero el dolor en las rodillas y en los pies era tan grande, que abandoné a mi compañero y entré en el todoterreno blanco. Dejé aquel pobre chaval allí tirado y cojeando, y mientras el coche iba subiendo, yo volvía la vista atrás y lo contemplaba avergonzado.

Sufrimos, nos unimos.

Cuando te empeñas seriamente en un objetivo, aunque contenga un porcentaje de error, finalmente del empeño sale algo positivo.

A estas alturas, al cabo del tiempo, creo que a Dragan no debemos quitarle su parte de mérito ni catalogarlo directamente como a un demonio.

Cuando te empeñas seriamente en algo, aunque contenga un porcentaje de error, finalmente de allí sale algo positivo. El espíritu de sacrificio, el crecimiento mental ante el esfuerzo... ¿se lo debimos a él? No lo sé. Me lo creería si al cabo de tres años, cuando dejó de ser entrenador, el equipo se hubiera venido abajo y hubiéramos vuelto a colocarnos en el sexto o séptimo lugar del mundo; en tal caso hubiéramos podido decir: «Pues, vaya, ese era el camino, y Dragan, el dirigente que necesitábamos».

Pero no sucedió esto, sino que cuando le despidieron, el equipo siguió adelante, ganó y perdió, pero sobre todo –como se verá enseguida– empujamos el nivel hacia arriba.

No quiero entrar en la crítica sin matices. Todos los entrenadores que he tenido me han aportado cosas buenas y cosas que, sin ser malas, hubieran podido ser diferentes. Francamente, creo que, si Dragan no se daba cuenta de lo que hacía, nos aportó pocas cosas buenas; pero si, por el contrario, decididamente sí sabía lo que estaba haciendo y por qué, entonces resultará que fue el mejor entrenador de todos los tiempos. Si realmente alguien logra convencerme de que aquel hombre estaba formando conscientemente y a su manera un equipo de gladiadores, de que lo que pretendía era que nos uniéramos como lo hicimos, entonces sí, *chapeau,* valía la pena todo.

Pero no me lo creo.

Aquel hombre era un yugoslavo puro procedente de un país en el cual aparentemente toda la metodología se reducía al trabajo, trabajo y trabajo y, una vez terminado éste, más trabajo, trabajo y trabajo, y si por la noche en vez de dormir os ponéis a trabajar, mejor que mejor.

En fin, éramos un equipo y ya está.

A partir de aquí, había momentos de enfado, de dificultades, momentos en los que después de un entrenamiento algunos no se dirigían la palabra, porque éramos personas con factor humano. Pero en un partido, nadie se permitía llevar la carga de lo que hubiera podido pasar antes. Jamás nadie negó un pase a un compañero con el que no se hablara fuera del campo, nadie dio un pase a otro porque fuera más amigo... No, nunca, esto no sucedió nunca, este fue el gran privilegio de nuestro equipo. Era una máquina, una máquina humana.

Lo mejor fue que nos queríamos

Y es que hubo algo muy importante y fue que, además (o aparte) de una gran calidad deportiva, además (o aparte) de una gran calidad de equipo conseguida por la transformación del esfuerzo, por el contraste conjugado entre el «ellos» y el «nosotros», lo mejor fue que nos queríamos. La vida, después, nos llevó por caminos distintos, muchas cosas han cambiado desde entonces, ciertamente, pero en aquel momento, quizá por lo que vivíamos, quizá porque todo era tan hermoso, quizá porque éramos unos privilegiados, quizá porque no nos dábamos cuenta de lo que estábamos consiguiendo, lo real es que nos queríamos, que formábamos un grupo.

Repito, hubo momentos muy difíciles entre nosotros, en el vestuario no todo era perfecto, hubo momentos en que discutíamos, hubo envidias y rencillas en ocasiones, si uno salía más que otro en la prensa, si uno..., pero eso era natural, nos apreciábamos, nos preocupábamos por los demás, es decir, éramos realmente amigos. Quizá nuestra amistad no era de aquellas que te llevas hasta la tumba, pero éramos realmente amigos, nos defendíamos, nos protegíamos, era algo especial inexplicable, intraducible, decididamente especial. Ojalá todos los equipos lleguen a experimentar una sensación semejante. No sé.

Siempre he dicho que la historia de cada uno sólo es excepcional para los demás, y la de cada grupo no escapa a esta regla. Tengo la certeza de que son muchos los equipos que han ganado muchas más cosas que nosotros, que lo han vivido todo y que quizás han sufrido mucho más que nosotros, pero lo nuestro fue excepcional para nosotros, porque era lo que vivíamos, nuestra amistad, la manera de entrenar, la manera de sacrificarnos, la manera de luchar, todo era excepcional, lo nuestro, nuestra vida.

Éste es el recuerdo que guardo de aquel «ellos y nosotros» que acabó transformándose realmente en un «nosotros».

* * *

Y para terminar. El día en que echaron de entrenador a Dragan por haber montado un escándalo infame con un árbitro, lo celebramos.

Le sustituyó mi ídolo, Joan Jané.

6
La grandeza, por corta que sea, es para siempre

¿Mis últimos Juegos Olímpicos?

Los Juegos de la XXVI Olimpíada de los tiempos modernos, en Atlanta, iban a ser los de mi despedida. Eran los juegos que seguían a los de la derrota de Barcelona '92, tan dolorosa, tan dura, tan importante, pero que nos hizo madurar, nos hizo fuertes y deportistas. Después de la derrota, nadie acusó a nadie, nadie señaló a nadie.

Iban a ser mis últimos Juegos Olímpicos. Cuando partí en avión con la selección para Atlanta, yo estaba convencido de que iniciaba mi viaje de despedida. Ya lo había hablado con mi mujer y mi equipo lo intuía; tenía casi treinta y seis años, una edad ya muy apurada para un waterpolista. Sería una despedida perfecta, era la quinta vez que participaba en una Olimpíada y mi vida siempre ha ido muy vinculada con el número cinco. Había jugado siempre con el cinco, cinco éramos en mi familia, cinco es mi número...

La temporada anterior, la de 1995, había sido bastante floja, en los Europeos habíamos quedado en quinto o sexto lugar, pero a Atlanta llegamos muy unidos y habiendo entrenado muy bien. No teníamos la convicción de que fuéramos a ganar el oro, pero sí de que éramos competitivos, de que nuestro equipo aún tenía mucho que decir y demostrar. Llevábamos a cuestas muchas críticas en España de quienes aseguraban que estábamos acabados.

Llegué a Atlanta tan limpio y dispuesto a saborearlo todo como el niño que en mí había ido a los Juegos de Moscú '80 y se asombraba por todo lo que había alrededor; en Atlanta era un adulto que seguía mirando alrededor y disfrutando de cada día, ahora con la conciencia de que era la última vez que saboreaba unos Juegos Olímpicos.

Sin darnos cuenta, estamos en cuartos de final, nuestro primer objetivo. Nuestra fase de clasificación de seis equipos a cinco partidos ha sido irregular: hemos ganado tres y perdido dos, con lo cual nos quedamos terceros de grupo, justitos, y obligados a enfrentarnos con uno de los favoritos, los anfitriones: Estados Unidos, que van a por el oro como toros y tienen todo el público a su favor.

Cuartos de final contra Estados Unidos

La gradería de la piscina estaba superllena. Era una piscina descubierta y con capacidad para unas doce o catorce mil personas; la habían preparado para toda la fase previa hasta las semifinales, y su gradería la ocupaban mayormente espectadores norteamericanos. Solamente los privilegiados que pasaran a la final jugarían en la gran piscina del Georgia Tech Campus Recreation Center, la piscina de natación, inmensa y monumental.

No voy a alargarme sobre este partido. Sólo una reflexión: si un niño, un deportista, un practicante de waterpolo te pregunta qué es el waterpolo y cómo se juega, enséñale los dos primeros tiempos del Estados Unidos-España de Atlanta '96.

Fue increíble. Contra los norteamericanos, en su casa, con su gente, con todo el público a su favor, ganábamos por 1 a 5 al final de la segunda parte. No hace falta explicar más: era el waterpolo perfecto para los que estábamos en el agua ganando. Los tiempos tercero y cuarto los pasamos aguantando el resultado, aunque ellos nos metieron tres más.

Semifinal contra Hungría

Y ganar había significado semifinales. Un lujo, un privilegio, dos contra uno en posibilidades de medalla, porque si perdías la semifinal siempre te quedaba la oportunidad de la competición por los lugares tercero y cuarto. Porque las semifinales nos tocaron contra el más fuerte: Hungría, siempre temible. Los inventores, el equipo favorito; ellos habían pasado todas las fases previas sin perder ni un solo partido y todos con una ventaja de dos o tres goles.

Cuando llegamos a las semifinales, yo creo que los organizadores ya habían acuñado la medalla de oro con el nombre de Hungría.

Pero Hungría nos temía; temían a Jesús, a nuestro equipo. Desde la tangana del verano de 1991 con el artero Dragan en el banquillo, Hungría nos tenía miedo. Eran muy buenos, pero con nosotros no podían: les ganamos en Barcelona '92.

Por nuestra parte, el respeto no era menor.

Fuimos perdiendo durante todo el partido; de uno, de dos, pero siempre por detrás. Todo el partido sufriendo; jugamos muy bien... pero contra Hungría. No diré que fueran mejores que nosotros, aunque sí lo eran físicamente (la verdad, no era muy difícil superar nuestra envergadura), pero no tenían nuestro corazón.

Y además, aquel día tuvimos un hombre que hizo algo excepcional. Fue Chava. Chava nos mantuvo en el partido. Hungría se hubiera podido ir de dos, de tres, de cuatro, pero Chava marcó cinco goles; no eran goles decisivos, pero nos mantenían en el partido. El equipo seguía yendo por detrás, perdíamos la confianza en nuestras posibilidades, pero Chava iba delante, la metía, nos empujaba, nos levantaba.

Empezamos la última parte perdiendo por dos y enseguida Chava marca un nuevo gol. Jesús y el equipo luchamos, pero Chava los mete.

Chava nos empata.

¡Qué cuarta parte!

Hay mucho que hablar de esta cuarta parte, que es importantísima.

No es que los húngaros empezaran a temblar cuando empatamos, no es que viéramos sus caras y sus gritos cada vez más descontrolados; no entendíamos su idioma pero comprendíamos perfectamente su desconcierto; en el deporte el lenguaje se comprende en conjunto más que palabra por palabra, sobre todo en el agua, donde el contacto físico es más directo.

No tenían nuestro corazón y aquella cuarta parte contra Hungría constituye, según mi modo de ver, el mejor período de juego de la historia de nuestro equipo.

Hubo cuatro o cinco minutos sin goles. Fallábamos, fallaban, o no fallábamos; sino que acertábamos en defensa cerrada. Parado, el partido estaba bloqueado: quien marcara, ganaba, pero faltaba cada vez menos: siete minutos, seis minutos, cinco minutos, cuatro... A tres minutos del final, Iván Moro, a una distancia de diez metros...

> IVÁN MORO
> Sus primeros Juegos Olímpicos, Iván Moro es uno de «ellos» con quien nos hemos convertido en «nosotros», Iván Moro, de Madrid, puede estar en unos Juegos Olímpicos, en su piscina del Ondarreta, en la bañera de su casa, para él es lo mismo. Él es el mismo. ¿Presión? No sabe qué es esto. ¿Estrés? Ocho espectadores dan lo mismo que veinte mil: «Ganemos o perdamos, yo quiero divertirme. ¡Yo Me Divierto!». Serio, joven, arrogante, ingenuo...

... a una distancia de diez metros. Finta, balón bloqueado, finta, finta, yo estoy a su lado y siento un orgullo tan grande en aquel momento y le digo: «Sí, sí, sí». Se lo digo tres veces y no necesita una cuarta. Tira desde diez metros y la clava.

Más uno contra Hungría y faltan tres minutos.

Nos lo creemos.

«San» Jesús lo para todo, para, lo para todo mientras el tiempo se acaba. A falta de un minuto, hombre de más, superioridad numérica para nosotros. Sergi Pedrerol...

> SERGI PEDREROL
> Un jugador, mi compañero de habitación, un jugador a quien he querido y aunque él no lo sepa, a quien quiero con locura. Hemos tenido problemas, pero le quiero. Sergi Pedrerol es zurdo, es decir, juega solamente en una parte del campo. No puedo describir cómo lo hizo, porque es imposible describirlo.

... metió un gol que es una maravilla por el lugar desde donde lo hizo y por el modo como lo hizo. Marcó del modo como los manuales y los expertos del waterpolo dicen que no se puede o no se debe hacer. Él lo marcó de las dos maneras a la vez: hizo lo que era imposible y del modo más heterodoxo. Tiró desde un ángulo imposible y la clavó.

Más dos contra Hungría. Los húngaros, desesperados. ¡Hungría desesperada! Gritos nuestros. Empezamos a... El corazón que manteníamos oculto allí dentro, empieza a salir de su escondrijo y se escabulle por todas partes: por la boca, por las orejas, por los ojos.

Ataca Hungría y marca.

Quedan cuarenta segundos. Otra vez quedan cuarenta segundos. Nosotros, hoy, ahora.

Y ahora hay una cosa tan importante de explicar, porque nadie la conoce.

Atacamos, jugamos hasta el límite, damos el balón, lo regalamos y decimos: «Bueno, es una última defensa». Volvemos a la famosa última defensa. A los húngaros les queda poca posesión del balón, apenas quince segundos. Hemos de defender durante quince segundos, por cierto, tiempo suficiente para que pase de todo. Ellos, como locos, se van al ataque.

El entrenador ordena *pressing*, y en aquel momento sí era *pressing*, porque ellos eran muy fuertes tirando todos, todo el equipo a tope.

Pressing significa que no hay táctica. En el *pressing* uno no tiene que pensar más que en el contrario que tiene asignado: yo me miro en el mío y allí no existe nada más. El compañero que tengo al lado no me interesa; el otro, mucho menos porque está más lejos. Y así todo el equipo: ahora no hay conjunto, sino solamente seis individualidades haciendo frente a otras seis.

El Destino hace algo increíble. Mi marcador hace un cruce con otro de los suyos y en un segundo me encuentro frente a la persona a la que nunca jamás podré marcar. Ahora tengo enfrente al mejor jugador húngaro, Tibor Benedek, muy cerca de la portería y con el balón que le está llegando. Todo su equipo se aparta para dejar que él se me coma porque yo no puedo contra él, es ley de la naturaleza, es un gigante y yo a su lado no puedo más que bracear. Después me contarán que en televisión se ha visto la imagen de todo el banquillo español llevándose las manos a la cabeza desesperadamente, con el entrenador petrificado.

Otra vez en mi vida la visión de los tres segundos siguientes: Tibor recibiendo el balón, girándose, volviéndose a girar, toreándome, mandándome arriba y abajo como en un tiovivo, marcando. Y yo culpable, el incapaz de defender.

Y mientras tengo la visión de estos segundos, la realidad es que mi adversario se está girando con el balón, una vez, dos veces, la visión se confunde con la realidad.

Aquí se detiene la película. Atended bien.

Chava y yo, a cara de perro

Tres días antes de empezar los Juegos Olímpicos, ya en Atlanta, jugábamos partidos de preparación y nuestro entrenador pactó con el norteamericano unos partidillos para entonarnos. Los americanos y nosotros estábamos en grupos diferentes y teóricamente no nos iba a tocar enfrentarnos (lo que finalmente sí sucedió, como se ha visto). Nos pegaron una paliza tremenda:13 a 3. Una humillación insoportable. Salimos del agua muy mosqueados unos con otros del equipo, muy competitivos, enfadados, y Chava y yo nos dijimos todo lo que nos vino a la mente. Chava y yo somos hermanos. Como lo somos todos, pero Chava y yo nos queremos con locura. A mí se me escapó algo así como: «Oye, esfuérzate más» y a él se le escapó: «Oye, no te metas conmigo», y ahí nos liamos más y más y más. Y, mientras nos decíamos de todo, pero en plan duro, hombres diciéndose de todo allí en medio, el equipo palidecía porque si Estiarte y Gómez, el capitán y Chava, los dos pilares del equipo, se engallaban de aquella manera era como para cerrar las maletas y marcharse para casa. El equipo, pálido; nadie se atrevía a entrometerse y nadie lo hizo. Chava y yo nos dimos la espalda y nos marchamos a la Villa Olímpica.

Ahora vuelve la calidad humana. Porque no esperamos dos días a bajarnos del burro, a que nos descendiera la tasa de adrenalina en sangre, a que se nos amansara el orgullo.

Llegamos a la Villa y a los veinte minutos, en el pasillo que separaba nuestras habitaciones, nos encontramos; fue en medio del pasillo porque él había salido de su habitación y venía a la mía y yo había salido de la mía para ir a la suya. Y allí, a la vista de todo el equipo, nos pedimos disculpas y nos abrazamos. Ellos estaban aplaudiendo.

Tibor

Mientras los tres segundos fatídicos estaban atravesando mi visión y Tibor me andaba mareando y estaba a punto de marcar...

CHAVA
... desde la posición cuatro (yo estoy en la uno), deja libre a su contrario. ¡Esto no se puede hacer! Chava no puede dejar a su hombre porque si Tibor Benedek lo ve, pasa la pelota al compañero que Chava ha dejado libre y, tan sencillo como esto, gol. Chava se la juega, deja a su hombre y viene en mi ayuda. Tibor Benedek está tan convencido de que va a marcar el gol sin necesidad de pasarla, lo tiene tan fácil, que no se da cuenta de que Chava se le acerca por detrás.

Chava se lo está jugando todo por mí. Los tres segundos fatídicos de mi visión pasan a su cuenta corriente, porque si su adversario mete el gol, él será el responsable del desastre. El sacrificado; en definitiva, el culpable.

Chava se acerca a Tibor, le roba el balón por detrás y seis, cinco, cuatro, tres, dos..., uno... No puedo esperar a que termine el partido porque ya tenemos el balón: Chava lo retiene mientras Tibor no entiende nada de lo que ha ocurrido, busca en el aire el balón que se le ha esfumado de la mano, y los húngaros pierden el poco color que les quedaba. Me suben lágrimas de agradecimiento por Chava, él ha cargado con la responsabilidad y me ha salvado (nuevamente mi egoísmo por delante); para Chava, por los cinco goles que ha marcado... y porque, habiéndose sacrificado, nos ha puesto nuevamente en una final.

No hay coincidencias fortuitas, la casualidad no existe. El hecho de pedirnos perdón cuando sea necesario, no expresa más que la calidad humana del equipo. Chava no ha pretendido pagar deuda alguna con su hazaña, sino que, al igual que en medio del pasillo en la Villa Olímpica, ha sentido que lo tenía que hacer y que si por hacerlo ha de cargar con la culpa del desastre, pues que se hunda el mundo y qué más da, porque él tiene que hacerlo de todos modos. Tiene que ayudar a Manel y acude en ayuda de su capitán, y me ha salvado y nos ha metido en la final.

Nos metimos todos, porque Jesús hizo un partidazo, porque Iván metió un gol, porque Sergi Pedrerol metió un gol... Pero Chava nos metió en la final.

Fue una emoción intensa la que hizo que nos quedáramos en el agua celebrando la victoria contra Hungría, porque se trataba de Hungría, porque estábamos en finales, porque éramos nosotros.

La casualidad no existe. El hecho de habernos pedido perdón cuando fue necesario expresa la calidad humana del equipo.

Pero duró pocos minutos. La cabeza nos dijo: «Basta, mañana tenemos la final, hay algo más, no nos conformemos». No sé muy bien lo que pasó por la cabeza de cada uno, pero fue una euforia de aquellas contenidas; muy intensa, claro que sí, se ve en las imágenes que se publicaron, pero una vez en el vestuario nos dijimos: «Chavales, mañana estaremos en la final». No: «Tenemos otra oportunidad», o «Vamos a quitarnos la espina de Barcelona», sino algo mucho más sencillo que todo esto: «Mañana vamos a jugar la final olímpica, mañana vamos a jugar una final olímpica». Punto.

Final olímpica contra Croacia

Era la primera vez que el equipo de Croacia participaba en unos Juegos Olímpicos como representante de un Estado independiente; hacía pocos años que se habían separado de Yugoslavia, o independizado, o como sea que se defina esa situación política. Es imaginable el orgullo con que aquellos jugadores defendían ante el mundo la imagen de su nuevo país, más si se recuerda el orgullo de «raza» que ya mostraban los yugoslavos en las competiciones anteriores y aún más si se tiene en cuenta que Croacia salía de una guerra en la que había muerto muchísima gente. Esta Croacia estaba en la final, y esto ponía de manifiesto cómo iban de sobrados sus jugadores. Estaban dispuestos a dejar su piel en el empeño, tenían unas ganas inmensas de darle a su país –ese nuevo país que se llamaba Croacia– un triunfo en unos Juegos Olímpicos; o sea, llevaban en la sangre un plus increíble. Además, físicamente eran muy superiores a nosotros; por «físicamente» hay que entender que estamos hablando de la envergadura que poseían los jugadores de las potencias más fuertes del waterpolo internacional.

Pero es una final y ahí estamos nosotros.

Un calentamiento como todos los demás, pero extraordinariamente largo porque el partido previo para el tercer y cuarto lugar no terminaba nunca. Jugaban Italia (que había sido eliminada por Croacia) y Hungría (a la que habíamos eliminado nosotros). Finalmente ganó Italia en las prórrogas, pero éstas se llevaron por delante casi una hora más de competición.

Los túneles de Barcelona y Atlanta eran diferentes. Por alguna razón recuerdo el de Barcelona con más detalles; en cualquier caso, era otro túnel, otros ruidos, otras sensaciones, por más que similares quizá porque estábamos muy contentos de haber vuelto a llegar allí. Quizá porque esta vez oíamos muchos gritos.

Muchos gritos de los croatas, esta vez son ellos quienes gritan como locos en el túnel: *«Ajmo, ajmo, ajmo, ajde, ajde, ajde, españoloska, españoloska, españoloska, u picku materinu, jebote»*. Palabras que significan simplemente «vamos, vamos, vamos», «venga, venga, venga»...; aunque es seguro que ese *«españoloska»* en medio de una frase impronunciable signifique algo contra nosotros, y más si se le añaden uno o más *«u picku materinu»* demasiado malsonantes para un croata y para cualquiera que pueda entrever su significado, una provocación demasiado dura... Lo de *«jebote»* también se las trae, pero vamos a dejarlo aquí.

Nosotros no les decimos nada. Permanecemos callados y los miramos.

Yo recuerdo que mi mirada se cruzó con la de Dani Ballart y otros compañeros. No nos dijimos: «Mira lo que hacen». Simplemente nos miramos y algo en nuestro interior nos empezaba a decir que quizás...

Nada. Una mirada. Es una mirada de complicidad entre hermanos, entre amigos, entre compañeros, entre un equipo. Los gritos no significan nada. Repito una y mil veces que un partido no se gana o no se pierde por estos detalles... Pero ¡qué diferencia! Nosotros estamos en lo nuestro, estamos respetuosos, estamos convencidos, estamos nerviosos, estamos ilusionados. No vamos de provocadores...

Empieza el partido y sin darnos cuenta llegamos al final de la primera parte perdiendo por 1 a 0.

Hubo muchas ocasiones. Nosotros quizás estábamos un poco tensos, fallamos mucho, ellos también fallaron mucho, o fue Jesús quien empezó a explicarles cómo funcionaban con él las cosas porque empezó a parar mucho, pero nos metieron un gol.

No es nada definitivo, es importante empezar bien, pero ahí estamos.

En la primera parte, no hubo cambios ni críticas, no hubo «Dios mío, qué miedo» o «Cuidado, que no se nos escape...». Nadie, nadie mencionó para nada Barcelona '92, nadie dijo: «Otra vez en las mismas», «Que no pase lo mismo»... Nadie, nada. Simplemente, concentrados, concentrados, concentrados.

Empezando la segunda parte, marco yo el uno a uno. Era un momento importante porque estábamos bloqueados: en toda la primera parte y en los dos primeros minutos de la segunda no habíamos conseguido marcar.

Un partido no se gana o no se pierde por el número de provocaciones, sino por el tanteo del marcador.

Me la juego en superioridad numérica y tiro adonde ellos saben que tiro siempre. Tiro adonde ellos me han visto hacerlo mil veces en los vídeos de entrenamiento: cruzado y al «siete», exactamente por el interior del ángulo superior derecho de la portería; arriba, donde están las telarañas; por entre el brazo del defensor y el portero que va allí, en diagonal hacia su izquierda y arriba.

Con lo que hay que tener: le puse tanta rabia, le puse tanta ilusión que me entró allí, llevándose las telarañas, como decimos en waterpolo, es decir rozando el palo.

Me giro, el cuerpo se me gira, y celebro el gol para mí mismo, según mi costumbre desde que era pequeño, cerrando los puños en dirección a mi pecho, un gesto corto y rabioso, sin más aspavientos ni prolongaciones, sino dirigiéndome enseguida al centro del campo para proseguir el partido.

Lo celebré conmigo mismo, con rabia, era un gol muy importante.

Nos marcan 2 a 1, 3 a 1. Este 3 a 1 sí que ha sido un buen revés: un gol de superioridad y contraataque. Media parte, tres a uno perdiendo, y estamos en la mitad del partido. Esto empieza a ser complicado. Si en medio partido sólo hemos sido capaces de meter un gol, en un partido entero sólo vamos a meter dos y llevamos tres en contra.

La cuestión empezaba a ser grave o, por lo menos, difícil. Ya sabíamos que no iba a ser fácil, pero ahora se nos estaba poniendo realmente mucho más difícil.

Comienzo de la tercera parte y aquí empezamos a disfrutar. Hombre fuera, superioridad numérica. Miki Oca, que es quien siempre juega a mi izquierda; mi posición es de cuatro, la de él, la cinco, siempre a mi izquierda, tira él. Lo hace de la manera más complicada porque lo más fácil en waterpolo es el tiro en corto, y lo más difícil, en largo, tienes menos ángulo.

Hizo un tiro cruzado fantástico.

MIKI OCA

¡Cuánto aprendí de aquel momento, qué lástima que lo aprendiera tan tarde! No se giró hacia atrás celebrándose él para sí mismo su gol, como lo hacía yo, no se giró hacia el público reclamando la ovación correspondiente. Lo que se ve en las imágenes es cómo lo celebra abriendo los brazos como para recogernos a todos en la celebración. Desde su perspectiva en panorámica, nos tiene a todo el equipo delante, nos abraza a todos en su gesto y empieza a gritar: «Venga, compañeros, venga, venga».

Si algo no había aprendido en todos mis años de deportista, en aquel partido me lo enseñó Miki, y era que cuando uno marca un gol, lo primero que tiene que hacer es celebrarlo con el equipo. Primero, celébralo con tus compañeros; segundo, podemos discutirlo, con el público, contigo mismo, con tu prima o con quien sea, pero lo primero son tus compañeros. Yo esto no lo había hecho nunca; mi gesto primero era siempre para Manel. Miki Oca, en aquel momento, en el 3 a 2, no piensa en sí mismo sino que con la mayor naturalidad del mundo alarga los brazos hacia su gente.

Miki Oca, un jugador que no ha entrado en la fama de los dioses, sino una persona de un carácter discreto, compañero, al servicio del equipo. Sin embargo, un jugador clave en el equipo porque era rapidísimo en el agua, y tenía un tiro extraordinario. Nunca causó problemas de envidia o de convivencia; era un jugador de equipo y este gol reunió todo lo mejor de su autor.

Miki Oca, procedente de Madrid, se alejaba un poco del estándar de arrojo y arrogancia de sus compañeros, de su soberbia; no era tan ruidoso. Nadie sabía si estaba o no, pero era imprescindible contar con él; se podía discutir si jugaban uno u otro u otro, pero Miki tenía que jugar. Miki juega por su posición, por lo que es, por lo que contribuye al equipo, por su silencio, por su capacidad de sacrificio para con el compañero.

Esto es lo que me enseña Miki en Atlanta: el equipo, mi alegría, la alegría de mi gol sois vosotros, venga, vamos, compañeros. Nos está abrazando a diez metros de distancia.

Un jugador está completo cuando comprende que tiene que celebrar sus goles primero con sus compañeros, que son el alma del equipo, son los que le han pasado el balón, son los que están jugando con él.

3 a 2. En menos de un minuto, atacan ellos, fallan, Jesús para. En menos de un minuto, llegamos al ataque, y marco el 3 a 3. Es mi orgullo de gol en unos Juegos Olímpicos por su importancia, porque me la jugué, porque me entró divinamente, porque me siento orgulloso

de este puto gol, porque fue el tres a tres. Creo que en todos los Juegos Olímpicos en que he participado habré marcado ciento cinco o ciento veinte goles, no lo sé, por ahí andarán las estadísticas; si de entre todos ellos he de elegir uno, es este 3 a 3 frente a Croacia en la final de Atlanta '96. Lanzamiento desde muy lejos, botando, por la escuadra, tiro importante, de verdad, un tiro que me lo creí.

Un jugador está completo cuando comprende que tiene que celebrar sus goles primero con sus compañeros.

El equipo se vuelve loco y esto me llena de alegría y fuerza; el banquillo se levanta en pleno, mis compañeros me corean el nombre.

El gol de Miki había empezado y el mío culminó; a partir de allí, los croatas no paraban de atacar y fallar, atacar y fallar hasta que Chiqui colocó un nuevo golazo y nos puso cuatro a tres con el marcador a favor nuestro.

CHIQUI

Siempre me gusta destacar este gol de Chiqui, porque se trata de un jugador con quien la gente quiso verme enfrentado. Chiqui es catalán, es muy fuerte físicamente, viene de familia de waterpolistas, mucho más joven que yo, y ha sido siempre el otro gran jugador por excelencia de Catalunya. Chiqui es un jugador fenomenal. Juega en una posición distinta de la mía, pero esto no tiene mayor importancia. Desde siempre, Chiqui y yo hemos mantenido las distancias: en nuestros inicios yo sabía que él me criticaba y él sabía que yo le criticaba a él. No se trataba tanto de envidias como de diferencias de carácter.

Pero tenía razón él, porque desde su madurez –siempre fue un jugador muy maduro– ya veía mis limitaciones como líder, como jugador, como compañero; y era el único que se atrevía a decírmelo y nadie del equipo le seguía, por respeto o miedo...

Pero Chiqui, tienes razón, tenías razón. Ahora, con el paso de los años, somos profundamente amigos, pero entonces Chiqui tenía razón. Con su actitud hacia mí me decía que yo podía ser muy bueno pero que todavía me quedaban muchas cosas por aprender. Esto provocaba que todo el mundo dijera que Chiqui y Manel no se aguantaban y no se trataba de esto, sino de que, entre dos compañeros, uno de ellos, Chiqui, tenía razón.

Por otra parte, no he conocido nunca, entre mis numerosísimos compañeros, a alguien tan profesional como él, un profesional como la copa de un pino: era el primero en todo, puntualidad, sacrificio y entrega en los entrenamientos, era un luchador, un sufridor... (Tan sufridor que un día recibió un puñetazo en la mandíbula que le dejó tres meses en la cama alimentándose a través de pajitas...). Sufridor es quien siempre da lo máximo de sí mismo, en los entrenamientos y en los partidos, por muchos problemas que pueda tener fuera del campo. Y esto no un día u otro, sino todos los días de su vida deportiva, que ha sido tan larga. Yo esto sí lo veía, por esto le respetaba tanto, por esto no me enfrentaba con él, porque con él arrastraba al resto del equipo.

Yo le admiraba y lo sigo haciendo.

Chiqui nos hizo un 4 a 3 que ya empezaba a clarificar las cosas. En el deporte, cuando las cosas van mal, los brazos empiezan a pesar más de la cuenta; pero cuando van bien, cómo se aligera uno, qué bien se siente.

Y empezamos a empujar, a empujar. Gol de ellos, empate a cuatro.

Inmediatamente después, Chiqui provoca un penalti. Tengo que tirar otro penalti, de nuevo en final olímpica. Tercera parte, empate a cuatro, penalti a favor.

Me gusta hablar de este penalti porque entonces yo lo tenía muy claro. Había que arriesgar. En Atlanta, para los Juegos Olímpicos, las porterías eran un poquito más bajas. En waterpolo, «un poquito» más bajas significa «mucho» más bajas, dos centímetros son una montaña. Se habían fallado muchos penaltis tirados por arriba, de manera que los porteros esperaban que se los tiraran por abajo; además, yo los penaltis siempre los tiraba de este modo porque abajo está, entre otras posibilidades, la del rebote. De modo que yo sabía que el portero iría no abajo, sino más abajo, que saldría como quien dice con los brazos abiertos por debajo del agua.

Por tanto, tienes que tirarlo arriba. Pero no afines en exceso, no arriesgues, tíralo sencillamente arriba.

En los últimos años había aprendido que no hay que cambiar de idea en el último momento. Que, una vez decidido lo que vas a hacer, has de mantenerlo no hasta el último segundo, porque este es tan largo que permite un cambio de idea, sino hasta la última décima de segundo y ni siquiera entonces cambiar, sino mantenerlo de manera que puedas meter el balón con la máxima seguridad en el lugar donde has decidido. Convencido.

El waterpolo no es como el fútbol, donde hay tiempo para chutar después de percibir en una instantánea la intención del portero; yo, durante mi carrera, me había permitido en muchas ocasiones improvisar un tiro en el último momento. En waterpolo importa más tirar convencido que hacerlo al punto técnica o teóricamente más indicado. En Atlanta, desde la víspera yo tenía muy claro que si me tocaba tirar, lo haría arriba.

Pero en el último momento la presión es tan grande en los veinte, veinticinco o ciento veinte segundos que transcurren entre que el árbitro marca el penalti y éste se tira, que yo tengo que repetirme una vez y otra: «Manel, no cambies de idea, no cambies de idea, tira arriba». Si el brazo no te tiembla, tira arriba, y si tiembla, tira arriba también, y si la pelota es de plomo o de plumas, tira arriba de todos modos.

En waterpolo, al tirar un penalti no hay que cambiar de idea en el último momento. Una vez decidido lo que vas a hacer, has de mantenerlo hasta el último segundo.

Tiro arriba y entra. El portero ha salido hacia abajo, con los brazos abiertos a filo de agua, empujándola como una explanadora cuando alisa una parcela.

5 a 4. En este momento cometemos el error más importante del partido. Faltando pocos segundos para el final del tercer tiempo, sufrimos un descontrol en defensa y nos empatan de nuevo.

Era el último descanso entre el tercero y cuarto y último tiempo de unos Juegos Olímpicos que podíamos ganar. Atlanta es la primera vez en toda nuestra historia olímpica que a cada momento tenemos el marcador a favor; en Barcelona fuimos perdiendo durante todo el partido excepto en aquellos cuarenta y dos segundos de gloria. Es la primera vez que estamos ganando una final olímpica.

Estábamos locos, nos insultábamos, nos dábamos cabezazos, nos decíamos de todo porque ya nuestra sangre hervía, hervía... Nos sentíamos fuertes, nos girábamos y veíamos a los croatas con sus *«u picku materinu, jebote»,* con sus nervios, con sus gritos mientras que el nuestro era sólo «Hasta el final, hasta el final». Nosotros habíamos empezado la tercera parte perdiendo por 3 a 1 y la habíamos terminado empatados y, además, con mucha fuerza y mucha seguridad.

Cuarta parte

Empatados. Lucha y defensa, ataque y defensa, nada, nada, ¡qué importancia tenía para cada equipo marcar el siguiente gol!

Ellos tienen superioridad numérica y fallan. Jesús la para, defendemos nosotros, todo el equipo está allí.

Atacamos y ahora somos nosotros quienes tenemos superioridad numérica.

Yo no creo en la suerte; y si existe, no me interesa. Yo creo en lo que veo y en aquel momento vi esto: que

Miki lanzaba y que la pelota daba en el palo y caía al agua, pero no entraba, y que Toto estaba allí, la empujaba y la metía dentro.

Es probable que los croatas vayan diciendo desde entonces y hasta el fin de los tiempos que los españoles tuvimos mucha suerte con aquella pelota que cayó casi en la raya, al alcance de Toto que estaba allí. Yo lo que digo es que Toto estaba allí, que fue más rápido, más listo, más waterpolista que los dos croatas que tenía a los lados, y que se adelantó y les metió ese gol.

> NUESTRO TOTO
> El Toto que tantos problemas ha tenido en su vida; que por sí mismo ha superado la prueba más difícil, cuando fue víctima de las drogas, como él mismo ha sido capaz, fuerte, maduro, de publicar. Y ha dicho que, mientras jugaba, tuvo problemas con la cocaína, y cuando ya no jugaba, mucho más, con el añadido de dos hijas, dos separaciones, que el mundo se le acababa y que estaba desesperado... Se encerró nueve meses en una clínica y ha salido completamente limpio. Ha superado la prueba más difícil de su vida.
>
> Este Toto de acero estaba allí en la línea, empujando el balón hacia dentro para que su equipo se pusiese en ventaja en el último período de sus cuartos Juegos Olímpicos. No fue una suerte. No

es por suerte que Toto hoy está sano y limpio, sino porque él ha luchado para volver a ser un hombre, un padre para sus hijas, para tener tiempo que dedicar a su familia, verlas crecer, llevarlas al cole, luchar por ellas, sacrificarse por ellas.

La suerte no existe, sólo existe la capacidad humana. Toto la tuvo como deportista y la tiene como persona.

Él empujó el balón adentro. Seis a cinco. Croacia, España, defensa, ataque, defensa, ataque.

Y aquí otra vez detenemos el tiempo. La imagen se congela.

Nos encontramos todos lejos de la portería, estamos como diciendo: «Aguantemos aquí» porque quedan cuatro minutos de partido.

Ahora, lo que sigue sucede a cámara lenta.

Chiqui Sans

Chiqui Sans realiza el gol más bonito de la historia de una final olímpica, a mi modo de ver (y creo que, modestia aparte, de waterpolo entiendo bastante).

Está a diez metros de la portería croata y de espaldas a ella, marcado por el mejor defensor del mundo –dos metros de defensor, ciento treinta kilos de defensor– Dubravko Simenc, el mejor defensa del mundo no por su peso o por su envergadura, sino por su capacidad defensiva.

Chiqui hace un revés de espaldas a la portería, cruzado por todo el ángulo.

Lo estoy viendo fotograma a fotograma y todo el equipo está boquiabierto, admirando ese lanzamiento. El zurdo Chiqui, con el brazo izquierdo, de espaldas, repito, porque es inimaginable, y a diez metros, con un defensor que, características físicas aparte, sabe lo que se lleva entre manos, con un portero magnífico como el croata, cruza la pelota y la mete dentro.

Tampoco es casualidad. Chiqui tenía estas cosas.

Y, con el gol metido, empezamos a decir que éramos campeones, pero a falta de cuatro minutos, no lo gritábamos en voz alta sino que nos lo veíamos en las miradas, y Chiqui lo estaba celebrando a su manera, con los brazos como acunando a su hijo, también Jordi, de dos meses, por el que estaba embobado y al que apenas había tenido tiempo de ver en plenas preparaciones olímpicas. Este tipo de celebraciones no se improvisa, de modo que el muy pillo sabía con antelación que marcaría un gol, aunque estoy seguro de que no se había imaginado que tendría tanta calidad ni que sería realmente tan decisivo.

Este momento fue maravilloso. Y fue Chiqui. Se lo merecía. Por todo lo que ha dado, por todo el sudor, por toda su entrega a este deporte.

Cuatro minutos

Pero todavía quedan cuatro minutos y en este tiempo, en waterpolo, puede ocurrir cualquier cosa, aunque vayamos ganando por dos goles.

Y entonces sí que todo el equipo se volvió hacia él. Porque en el equipo estaba él. Sin él, este equipo nunca hubiera sido lo que fue. Yo era sustituible, Chava era sustituible, Miki era sustituible, Toto era sustituible, Chiqui era sustituible, Sergi era sustituible, Dani era sustituible, Jordi Payà, todos éramos sustituibles menos él.

Jesús era insustituible.

Teníamos al mejor portero del mundo, pero además él era algo especial. Y entonces sí todo el equipo se volvió hacia él.

– Jesús, llévanos.

– Jesús, ahora te toca a ti.

– Que no entre, Jesús.

Era él quien nos había metido en cuartos, en semifinales y finales, y en este partido también lo había parado todo, pero en este momento:

– Jesús, cierra la portería –era el chascarrillo que más veces le habíamos dirigido en la vida, cada uno a su manera.

– Échale el cierre y tira la llave, Jesús.

Y ahí estaba él. ¿Alguien se cree que a Jesús Rollán le podía intimidar la presión? Ahí estuvo: paró, paró y volvió a parar, una y otra vez, una y otra.

Faltaba un minuto y medio para terminar el partido y uno de los jugadores croatas se acercó a uno de los nuestros y le dijo: «Es imposible; con este portero, es imposible».

Paró, paró, paró y volvió a parar. Y faltaban...

> JESÚS
> Tengo tantas cosas que decir de Jesús y tantas se me quedaron sin decirle y me salen constantemente del corazón.
>
> Después de Barcelona '92, Jesús tenía las rodillas destrozadas y tuvieron que operarle tres veces; los médicos anunciaron que no podría volver a jugar. Un portero de waterpolo necesita las piernas mucho más que un jugador, él depende de sus piernas. Y tenía las rodillas operadas, cicatrices por todas partes y permanecía en el hospital con las piernas elevadas y vendadas, y me decía: «Manel, yo volveré a jugar». Yo dudaba para mí de que pudiera volver a tener el privile-

gio de jugar con él, pero él no lo dudaba, él sabía que volvería a ser el mejor.

Conservo como un tesoro esa imagen suya de superviviente, ya he hablado de la capacidad deportiva que tenía y no quiero repetirme, pero ciertamente era el mejor. Un jugador que nos lo había aportado todo; cualquiera del equipo dirá que Jesús marcaba la diferencia, tanto deportiva como humanamente. Aportaba calidad, era inocente como un niño, reía siempre, era un amigo...

Pero tengo que pedirle perdón. El día de su funeral, porque a Jesús le hemos perdido, yo entré al tanatorio, en Madrid, con Chava y todo el equipo. Y cuando le vimos allí, descansando, Chava el primero y yo enseguida, nos hundimos. Él, de rodillas y llorando como un niño, y yo de pie, abrumado. Llegó su madre, se me acercó, me abrazó como hacen las madres, y me dijo al oído:

– ¿Qué os ha pasado, Manel, qué os ha pasado? Te quería tanto, te quería tanto...

Y allí me derrumbé yo también, porque nuestro egoísmo, el mío y también el de Jesús, hizo que una vez que yo me había retirado, nos alejásemos.

Los dos sabíamos que nos queríamos, que éramos amigos. Pensábamos que nos quedaba tiempo para arreglar nuestros malentendidos.

Pero no teníamos ese tiempo.

Yo era quien tenía que haber dado el primer paso, que no di. Si en otra situación, mucho tiempo antes, con Chava en veinte minutos habíamos resuelto un distanciamiento, ¿por qué habían tenido que pasar dos años sin que yo, que era el mayor, que había sido el capitán, lo intentara?

Jesús, no me siento mejor por proclamarlo en este libro, por decírselo a tu madre, a tu hija cuando sea mayor, pero te lo tengo que decir de todos modos: lo siento, lo siento mucho, siento mucho, mucho, que en el momento en que te fuiste no estábamos, no éramos... Tenía que haberte ido a buscar, arrastrarte a una cervecería, decirte: «Qué coño, Jesús, somos amigos, vamos a seguir siéndolo». En realidad no nos habíamos peleado, sino sólo distanciado, pero no lo hice, no me acerqué...

... siete segundos cuando Jesús paró el último balón. Seis. Cinco. Cuatro. Tres. Dos. Uno.

Yo he vivido muchas maneras de expresar la felicidad. Es probable que la felicidad no sea ganar unos Juegos Olímpicos y vivir lo que ahora voy a contar. Puede ser que no sea esto, pero, joder, para mí lo fue.

En el último segundo mi giro hacia el que tengo más cerca, que es Miki, y para él es mi primer abrazo, está llorando como un niño. Estamos en un extremo de la piscina y entonces nos giramos y vemos que ya están todos en el centro. Todos significa todo el equipo, Jesús que ya ha abandonado la portería, Chiqui, Chava, Toto, todo son brazos que se cruzan, los reservas también se han tirado al agua, el entrenador, el segundo entrenador, el masajista, el médico de la selección que es mi hermano Albert, todos estos en zapatillas y con chándal chapoteando en el agua. Miki y yo empezamos a nadar para unirnos a ellos.

Qué gran diferencia entre estas brazadas que me salen como aleteos, y las que di, con plomo en los brazos, cuando terminó el partido de Barcelona '92, para salir del agua, con aquella pesadez, con aquella angustia, con aquel vacío en el corazón.

Nado sumergido para ir más rápido, ligero, suelto. Llego al grupo, saco la cabeza del agua estoy en medio del grupo y al primero que veo, porque venía persiguiéndome, es él, mi hermano mayor Albert, mi primer capitán, llorando también como un crío.

Rosa con nosotros

Con Albert nunca más desde aquel día de la primavera maldita, habíamos hablado de nuestra hermana. Y en este momento, mientras me está abrazando, me dice:

– Ella, ella, Rosa, Rosa...

Y yo me rompo. Pero me rompo no en dos, sino en cuatro, en diez, en veinte, porque estoy en medio del agua, con mis compañeros, con el equipo, con «ellos y nosotros», con mi hermano Albert, con Jordi Payà, uno de mis amigos de la infancia que estaba en este equipo, se le ve en las fotos rezando al cielo.

Y yo estoy abrazado a mi hermano, convocando los dos el nombre de nuestra hermana que se marchó en un vuelo, Rosa, Rosa.

Oro

Esto sí es felicidad. Un segundo, cinco o diez, es igual. Yo he vivido la felicidad. Yo esto lo he vivido. Hay cosas muy importantes en la vida: la salud, el bienestar de la familia, sí, completamente de acuerdo, ya sé lo que son los valores humanos.

Pero en este momento, nosotros somos esto: felicidad pura.

Campeones olímpicos: nosotros. Amigos, compañeros, familiares, todos metidos en el agua, este abrazo con mi hermano es imposible de describir.

Dejar a mi hermano y girarme y ya fue Chava, ya fue Jesús, ya fue Toto, ya fue Jordi, ya fue Dani, ya fue Sergi, ya fuimos todos, y uno que buscaba al otro, y uno que agarraba a dos, y otro que agarraba a tres, una locura, una locura.

Habíamos vivido otros partidos, otras victorias y abrazos, pero no había nada superior a esto. Esto era único, a lo mejor se podría repetir en el futuro, pero no sería más alto que esto. Era lo máximo, ya no quedaba nada por encima.

No se puede ganar algo mejor que esto.

Saltos fuera del agua, bailes, esta piscina con veinte mil espectadores, había superado a la Bernat Picornell de Barcelona y en su mayoría no eran los seguidores de Croacia o España, sino del waterpolo puro. Veinte mil espectadores en pie, aplaudiéndonos, porque veían en nosotros algo más que un equipo que acababa de ganar los Juegos Olímpicos: una familia, un grupo de amigos. El modo de expresarnos, de abrazarnos, de bailar, no era solamente porque acabábamos de ganar un título deportivo, sino porque acabábamos de hacerlo «nosotros»: tú y yo, Chava; Chava, tú y Miki; tú y Miki y Toto, Jesús; Jesús, tú y Jordi y Sergi y Dani y Chiqui.

Luego ya fue..., saltos..., la llamada del Rey, algo tremendo, porque toda la gente que ya no era el equipo me reclamaba y yo les daba largas, les decía que después de las medallas iría a por las declaraciones, hasta que un directivo me reclamó al teléfono y era contacto directo con el Rey, con quien hablaba por primera vez en mi vida:

– Manel, la Reina y yo estamos muy orgullosos de vosotros; transmite a todo el equipo nuestra felicitación. Habéis dado un ejemplo de... –palabras que se me quedarán grabadas para siempre.

Porque esta monarquía está muy cerca del deporte, y a nosotros nos gustaba estar cerca de la monarquía, admirábamos mucho a nuestros reyes. Y yo, como capitán del equipo español, me dirigía a mi gente y les decía «Chavales, que el Rey está al teléfono y me pide que os felicite y que...», y ellos empezaron a gritar: «España, España», porque éramos campeones.

Y llegó el momento; uno de aquellos momentos que te quedas para ti para siempre.

La victoria y la gloria duran un instante pero permanecen para siempre. Lo que se ha conseguido está ahí para siempre.

No se trata tanto de ocupar el cajón más alto del podio; el mejor momento del podio no es aquel en el que te colocan la medalla, ni siquiera lo es, por más emotivo que resulte, cuando escuchas el himno de tu país, ni cuando una voz por megafonía recita el ritual de proclamación del título. El momento cumbre del podio es cuando todos los componentes del equipo, Jesús a mi derecha porque es el portero y lleva el número 1 en el gorro, y después viene el 2 y así, por orden...

... cuando todos juntos nos damos las manos, todos juntos asaltamos el alto escalón que nos lleva al cajón reservado a los campeones, y todos juntos levantamos los brazos.

El momento cumbre del podio es cuando todos los componentes del equipo nos damos las manos y levantamos los brazos.

Este es el momento en que somos definitivamente «nosotros».

Noche en blanco en Atlanta

Luego ya fue todo puro divertimiento, puras chiquilladas, niños, locos, fue ir saltando hacia la Villa Olímpica y encontrarnos con toda la delegación de deportistas que nos esperaban y habían visto el partido, llamadas por teléfono. Yo hice cuatro llamadas: a Silvia, aunque en Italia iban a ser las cuatro de la madrugada; a mis padres, que todavía no podían contener la llorera y había pasado ya una hora desde el final de todo; a Josep Claret, mi primer entrenador en Manresa, aquel señor disciplinado que cada día a las seis y media de la madrugada pasaba a recogernos con su coche; y la cuarta fue a Josep Furió, mi compañero de pupitre en el colegio, el más listo de la clase siendo yo uno de los más justitos, y con quien compartía muchos sueños: él practicaba el atletismo y soñábamos juntos con que un día seríamos grandes campeones; hacía años que no nos hablábamos, de modo que debió de quedarse bastante sorprendido cuando le llamé para comunicarle que el sueño se había cumplido.

Fue una noche que no es para contar. Borrachos perdidos por Atlanta, locuras y más locuras, y más locuras y... más locuras.

Mi primera rueda de prensa de despedida

Vamos terminando ya. Al día siguiente tenía que hacer lo que había decidido desde hacía tiempo: anunciar que me retiraba.

Bueno, no estaba borracho porque había dormido un par de horas y me encontraba sereno, cansado también por el bajón que le sobreviene a uno después de acontecimientos tan intensos como estos...

Así pues, los responsables del protocolo me habían indicado que a las doce del mediodía estaba convocada la rueda de prensa con los periodistas que cubrían el waterpolo en Atlanta.

Entré en la sala y me di de bruces con cincuenta periodistas que me esperaban. Eso era increíble, nuestras ruedas de prensa de toda la vida habían sido con la asistencia de dos periodistas, cuatro a lo sumo, porque el waterpolo no daba para atraer mayor atención...

Les saludé, les di las gracias por todo, les conté cómo se sentía de feliz el equipo.

Yo tenía muy claro mi discurso final: agradecer a los compañeros, a la familia, a ellos mismos que me hubieran dado la oportunidad de vivir como un privilegiado en el mundo del deporte... Lo que sentía, sinceramente. Estoy, pues, sentado frente a la mesa, delante de los micrófonos, miro a los periodistas y, antes de que me hagan la primera pregunta, decido que me quedo, que no me voy. Algo dentro de mí me está diciendo: «Esto es tu vida».

Veía a mis hijas que estaban creciendo y de quienes tenía que alejarme con demasiada frecuencia; veía a mi esposa, con quien habíamos hablado tanto de mi retirada y a quien, cuando llamé por teléfono, no le dije que había cambiado de opinión, porque en aquel momento no lo había hecho.

No me creo el principio según el cual tienes que dejarlo cuando estás en lo más alto. Mi voz me dice: «Oye, estoy en lo más alto, déjame que me quede un poco más». Me acongoja pensar que, a partir de este momento, mis compañeros se pasearán por todas las piscinas del mundo como campeones olímpicos, admirados por los niños y los atletas, y que yo no estaré con ellos.

Ahí se debió de juntar el orgullo personal con el hecho de que me sentía con ganas y fuerzas. De modo que dije:

– No me voy. Creo que voy a aguantar un tiempo más en activo.

Mi hermano no se metió para nada; siempre me había respetado. Pero hubo una persona que se había anticipado a decirme: «Piénsatelo. En primer lugar, porque te necesito; en segundo lugar, porque creo que todavía puedes dar mucho».

> JOAN JANÉ
>
> «Piénsatelo. Te necesito. Todavía puedes dar mucho al equipo». Era mi entrenador, mi primer ídolo deportivo, el primero que me decantó por un club «grande» de waterpolo para que «yo» jugara con «él»: Joan Jané. Jané ha sido muy criticado y muy alabado. Yo no quiero criticarle, sino alabarle porque con él hemos sido campeones olímpicos, él nos llevó a esto y lo hizo de una manera humana, sin rompernos las rodillas, sin hacernos llorar en cada entrenamiento, sin montarse en un todoterreno blanco, con dureza y

sacrificio, ciertamente, pero también con ilusión, con motivación. Con sus límites, como los tengo yo, como los tiene Chiqui, como los tenemos todos..., pero nos llevó a lo más alto, esto nadie debe negarlo. «Sé que lo vas a dejar –me había dicho durante una comida, en la Villa Olímpica de Atlanta–, acabe esto como acabe... ¿Por qué no te lo piensas otra vez?». «Acabe esto como acabe», había sido lo mejor de la comida, porque para entonces él no sabía si quedaríamos en buen lugar en la competición, era una propuesta sin condiciones previas.

Joan Jané creyó en este equipo, se la jugó con él, aunque en él algunos ya teníamos una cierta edad. Por supuesto, no es tonto y sabía que con este equipo podía obtener excelentes resultados, pero sin duda para él hubiera sido muy fácil entrar, cruz y raya, y apostar por gente joven. Fue uno más de nuestro equipo, sin escalafón de importancia.

De modo que en la rueda de prensa, dije:

– Pues no, no me voy.

7
Más vida

Desde Atlanta, nuestro equipo había ganado y perdido en diversas ocasiones, pero cuando realmente comprendí su consistencia y grandeza, la seguridad en la solidez de lo conseguido aquellos juegos en que ganamos el oro, fue en Perth, Australia, entre el siete y el dieciocho de enero de 1998.

Perth '98

Dos años después de Atlanta, estábamos en el Campeonato del Mundo de Waterpolo, en Perth (Australia).

Hasta entonces, habíamos perdido dos finales en estos campeonatos, y, habiéndolas sufrido y llorado, nos habían hecho crecer mentalmente: la primera vez, también en Perth en 1991, cuando Yugoslavia nos ganó por un gol, y la segunda, en Roma, en 1994, frente a Italia, aunque en esta ocasión íbamos con Jesús apenas repuesto y en plena recuperación de sus rodillas recién operadas.

Y así tuvimos la fuerza, no la suerte, de llegar a otra final, ésta, la de Perth en 1998.

A esta final llegamos bien, sin sobresaltos porque ganamos de calle todos los partidos: en la fase previa, en cuartos de final contra Estados Unidos, en semifinales contra Yugoslavia (lo que quedaba de ella, que seguía siendo nuestra bestia negra), y lo bueno: la final contra Hungría. Esta vez iba en serio: no en semifinales, no en la fase previa, sino en la final: o ellos o nosotros.

Hungría: los inventores del waterpolo, el Estado con más licencias de waterpolo en todo el mundo, los jugadores cuyos cromos figuran en las colecciones de los aficionados de todos los hemisferios, en una palabra: Hungría. Contra España. Pero, contra España campeona olímpica, no contra cualquiera, sino contra nosotros. Estoy seguro de que en la víspera ellos se decían: «Somos muy buenos, somos los mejores, el waterpolo es nuestro..., pero vamos a jugar contra los campeones olímpicos».

Les ganamos por 6 a 4, no hubo historia. 1 a 0 por delante, 1 a 1, 2 a 1, 3 a 1... espabílense, señores..., ahí estamos, sírvanse seguirnos. Lanzaban, Jesús paraba. Teníamos el partido controlado, estábamos muy cerrados en defensa, muy luchadores, pero cuando era hora de entrar, Chiqui metió un golazo, yo hice dos, Sergi hizo otro fantástico, Chava y Toto metieron uno cada uno... El último lo metí yo, cuando faltaban dos minutos para terminar el partido, fue muy bonito, de lejos... No me acuerdo de él porque fuera el gol último o especialmente espectacular, sino porque todos mis compañeros, a continuación, me abrazaron; conservo viva la imagen: yo con los brazos levantados y todo el equipo viniendo para abrazarme.

Ellos no pudieron hacer nada.

Y lo demás fue más de lo mismo: todos en el agua, los del banquillo, vestidos..., el ritual de siempre. Con una diferencia: ya no llorábamos, ahora ya reíamos, ahora era una fiesta, ya éramos tan buenos, estábamos tan contentos, tan felices; no teníamos un sentimiento de superioridad porque en cualquier ocasión hay que conservar el respeto para con el contrario, pero sí una sensación de seguridad en nosotros mismos: «Disfrutémoslo».

Y así la piscina al aire libre con el público aclamándonos, el podio, los consabidos abrazos...

Lo del oro de Atlanta había sido dejarnos llevar por todo lo que habíamos sufrido, por todo lo que habíamos trabajado, por todo lo que habíamos llorado cuando las derrotas..., por la emoción de haber conseguido lo mejor del mundo. Pero lo del Campeonato del Mundo estaba siendo un: «Pues aún más. ¿Sabes lo que te digo? ¡Toma! Venga, va, corriente abajo»...

La conjura de los hermanos

Y además, tengo un tesoro en forma de hecho muy íntimo, que voy a compartir por primera vez en público. Acabada la ceremonia del podio, mientras ya nos retirábamos, allí mismo, al borde la piscina, nos abrazamos Chava, Toto y yo: bueno, ¡ellos tuvieron que inclinarse para hacerlo!

Y así, abrazados en grupo cerrado los tres, con las cabezas agachadas como confabulándonos, me dijeron: «Manel, no nos abandones nunca». Yo me quedé muy sorprendido, porque –les entendí enseguida– no me hablaban como jugadores de waterpolo pidiéndole a su capitán que se quedara otra temporada, sino que se referían a la vida, a lo más vital, era un «no nos dejes nunca» de hermanos. De mis hermanos. Todos mis hermanos.

Y yo les decía: «Hostia, es que es imposible dejaros, es que me tendréis para siempre, para cualquier cosa». Era una promesa solemne sentida así y dicha así, en plena celebración de nuestra victoria en los campeonatos del mundo.

La realidad de la vida se nos llevó por delante y en un momento dado, Toto, uno de mis hermanos, necesitó mi ayuda y no dudé ni un segundo de lo que tenía que hacer, no por deber ni por necesidad, sino porque me salía del corazón. Ante todo fue saberme amigo suyo, sentir que lo quería... Luego el gran esfuerzo lo tuvo que realizar él solo y así salió adelante.

Cuando terminas tu carrera deportiva, si no tienes otra salida preparada, el mundo se te acaba bajo los pies.

¡Qué cosas pasan! ¿Intuían Toto y Chava que la vida no les tenía reservado precisamente un camino de rosas?

El problema de Toto –como el de Jesús– fue el de «después del deporte». Mientras eres deportista de élite, vives relativamente bien, incluso en disciplinas minoritarias tienes un dinero y, por supuesto, reputación, fama, «amigos» que te salen por todas partes y te jalean intentando chuparte la sangre... Pero después, cuando has terminado tu carrera deportiva, si no tienes otra salida preparada (una profesión alternativa, una familia, unos estudios, unos objetivos bien estructurados en tu cabeza...), el mundo se te acaba bajo los pies. En cualquier caso pierdes estatus o lo cambias, pero esto entra dentro de lo previsible. Sufrir mucho por todo ello es inevitable.

¡Qué extraño! Cuando todo invitaba a una farra nocturna en Perth, Toto intuyó que un día me iba a necesitar y me pedía que ese día estuviese a su lado.

Una palabra que no existe

Se acabó Perth, con su medalla de oro: éramos campeones del mundo. Y quizá sí que entonces era el momento de dejarlo.

Quedaban dos años para las siguientes Olimpíadas. Si hubiera sido como en mis tiempos jóvenes, esos dos años irían a pasar volando..., pero a los treinta y ocho, esos dos años significaban llegar a Sídney con casi cuarenta tacos a la espalda.

Llegar a Sídney significaba «aguantar» dos años más. «Aguantar» es una palabra que no tiene que figurar en ningún diccionario del deporte: el deporte lo tienes que practicar porque te gusta, porque disfrutas con él. Pero la verdad es que cuando ya tienes un oro olímpico y un campeonato mundial, y además treinta y siete años, es muy difícil mantener la motivación cada día, ir a entrenar cada día, acudir disciplinadamente y divertirte, porque ya estás muy cansado. Por tanto, a lo mejor, yo allí tenía que retirarme. Pero, por otro lado, tenía la ilusión de Sídney '2000, mis sextos Juegos Olímpicos, nadie había llegado hasta ahí en waterpolo. También contaba la ilusión que me provocaba la casi-promesa que me habían hecho de ser el abanderado de la selección española, encabezar la selección, vivir en persona ese placentero momento de orgullo: en Seúl la abanderada había sido la infanta Cristina; en Barcelona, el príncipe Felipe..., y es que ni me había imaginado que esto un día me pudiera pasar a mí.

Silvia me dijo: «Manel, mira, tira hasta donde quieras, es tu vida». Una visión muy personal, en la oscuridad de la noche, mi madre diciéndome: «Lo único que me da miedo es que lo eches de menos, cuando lo dejes después de haberle dedicado toda la vida, porque es esto lo que has hecho, lo que amas. ¿Y después?»; me lo había dicho con frecuencia en los últimos años. Yo ya no lo veía como mamá porque me encontraba bastante cansado, pero pensé: «Manel, si realmente aguantas hasta Sídney...». «Aguantar», palabra antideportiva, fea, pero yo ya empezaba a sentirla.

Estaba seguro de que a partir de Sídney ya nunca sufriría, porque ya no habría la posibilidad de jugar ni un día más, ni una hora, ni un minuto más. Fin.

«Si llegas a Sídney a los treinta y nueve años, casi cuarenta, es que no vas a poder echarlo de menos, es imposible porque ya lo habrás hecho todo; es decir, no sólo lo habrás ganado y perdido todo, sino que lo habrás hecho todo, realizado todo. Y cuando en la vida uno ya ha realizado una cosa –todo en waterpolo, en este caso–, ya está, aquello –bien o mal– ya está hecho, ya está, al cajón. No lo podrás olvidar nunca, claro que no, pero los deberes estarán hechos. Ya está. Pretérito perfecto, ya está hecho». Me dije: «Va, Manel, va, va, ánimo».

Los dos últimos años fueron muy duros. Físicamente te cansas más, sufres más, te cuesta mucho más recuperar; pero el daño mental todavía es mayor. El de la monotonía, la repetición de prácticamente todo lo que ya has visto infinidad de veces...

Esta experiencia fue muy nueva para mí: mi vida siempre había sido un constante «venga, va» a por nuevas metas; pero ahora me veía como uno de los tantos que acuden al entrenamiento un minuto antes de que empiece y se marchan un minuto después de que el entrenador pite el final.

Yo, que siempre había sido uno de los que se quedaban en la piscina para jugar o chapotear con los amigos, a practicar otro deporte o, cuando ya era mayor, a seguir entrenando...

En todas las piscinas hay siempre un gran reloj visible desde todas partes. En el Club Natació Barcelona entrenábamos hasta las diez y media de la noche y tuve allí un entrenador que decía: «Cuando un deportista empieza a mirar el reloj un cuarto de hora antes de que termine el tiempo prefijado de entrenamiento, eso significa que le falta motivación, está sobre todo pendiente de que termine». Tenía razón. Yo nunca había mirado el reloj, pero en aquellos últimos años, el cuello se me giraba mecánicamente con el fin de controlar el tiempo que faltaba para el fin del entrenamiento.

«Aguantar» es una palabra que no debe figurar en ningún diccionario deportivo: el deporte lo tienes que practicar porque disfrutas con él.

Tuve la fortuna de acabar mi estancia en el equipo italiano ganando dos *scudettos* seguidos, las ligas 1997-1998 y 1998-1999, y las dos en campo contrario, o sea con recochineo.

Ganar con el Pescara en el campo del Posillipo Waterpolo, nuestros eternos rivales de Nápoles, fue tremendo; ni terminó el partido porque a tres minutos del final ganábamos por tres goles y hubo que suspenderlo por invasión de campo, lanzamiento de objetos a la piscina... Tuvimos que permanecer diez minutos en el agua protegidos de la hinchada local: una gozada porque no hay nada mejor que una situación como esta, una dosis de oxígeno deportivo. El Pescara me ayudó mucho a superar una parte de esta última etapa.

Otro privilegio fue el de jugar mi última temporada, de vuelta a Catalunya, en el Barceloneta.

El club realizó un gran esfuerzo económico para que yo pudiera cumplir mi deseo de acabar mi carrera deportiva en un equipo de casa. Yo hice todo lo posible y guardo un recuerdo excepcional deportivo y humano de esa temporada en el Barceloneta: es una familia el Barceloneta, es un club diferente, especial. Pero no pude darles más victoria que la Copa del Rey, me hubiera gustado regalarles la liga, no por culminar gloriosamente mi carrera, sino porque ese club se lo merecía, pero no pudo ser: la emoción del deporte estriba en esto: unas veces puede ser y otras, no.

Abanderado en Sídney '2000

Viajamos a Sídney, estamos en Sídney y sí, soy el abanderado.

Toda la delegación española espera impaciente a que termine la ceremonia de inauguración. Ya es la sexta vez que lo vivo, y esa previa de cuatro horas aguardando el desfile ritual de los deportistas en el último acto ya me la conozco; el tiempo se pasa entreteniéndose uno como puede: la actividad favorita es la de fotografiarse unos a otros... Pero al cabo, llega el momento del desfile y formamos en la larga bocana que da al estadio.

Yo voy delante con la bandera, detrás, los directivos de la delegación, a continuación todas las chicas, y al final todos los chicos.

Este fue un extraño momento de silencio: por emoción o respeto del momento, por la contención de los numerosos atletas que compiten en una Olimpíada por primera vez. Me giré y grité. Llevaba la bandera en la mano y lancé un grito: «Venga, vamos, ánimos, España». Aquí no se trataba de amilanar a un rival, sino de descargar emoción y adrenalina. Se volvieron locos y empezaron a gritar en el momento en que salíamos del túnel altísimo que nos depositaba en pleno estadio.

Como en todas las Olimpíadas, esta vez nos han vuelto a pedir que vayamos en formación y que la conservemos hasta el final de la ceremonia. Nuestra formación, como en las cinco ocasiones anteriores, obedece esa directriz durante los dos primeros minutos una vez transcurridos los cuales, todo vuelve a ser jaleo, uno saca fotos, otro saluda al público, otro simplemente aclama o aplaude.

La ceremonia de inauguración fue, pues, muy emotiva y un honor para mí.

Mi final fue un final después del cual ya no hay más: un partido para disputar los puestos tercero y cuarto, que perdimos contra Yugoslavia (8 a 3). Nos faltaba un jugador importantísimo, el cubano Iván Pérez, quien tuvo que quedarse en casa por problemas burocráticos.

Era mi final.

Ya no había de preocuparme más por concentrarme, ya no había de pensar más en un próximo partido... Nunca me había planteado qué experimentaría, cómo me sentiría en un momento como éste, cuando «pip», el árbitro marcara el momento final de mi carrera. Ya no hay ni un minuto más. Lo que has hecho hasta ahora, queda hecho para siempre: nada que reparar, nada que repetir, ni un segundo que volver a vivir. Aquí está, para siempre, toda tu vida.

Final en la piscina

A los cinco años te lanzaron volando a una piscina y te cuentan que a la salida a flote descubriste toda tu vida; a los quince, te pasó que debutaste en la selección absoluta; a los dieciocho competiste en tus primeros Juegos Olímpicos; ganaste una, perdiste otra; ganaste campeonatos del mundo, *scudettos*, ligas... Sufriste, gozaste, tocaste con la misma punta de los dedos el cielo y el infierno... Ya está. Pasó. Ha pasado. El waterpolo, esa palabra que me ha acompañado durante toda mi vida, se terminó allí. Allí.

En aquel momento, después del partido, mientras la gradería se iba vaciando y mis compañeros ya habían abandonado el campo tristes por la derrota, me quedé en el agua, entre la corchera y el muro de la piscina, solo con mis sensaciones, acariciado por el agua que se iba aquietando, las porterías se habían quedado en su sitio... Estaba contento, el partido y su derrota también eran ya parte del pasado, me encontraba sereno, disfrutando del olor de la piscina. Una mano por detrás revolviéndome los cabellos, la de Sergi, sin decirme nada. Un «Gracias» de otro. Varias caricias de algunos de mis compañeros en la cabeza y la espalda. Y mi hermano que, sin decir nada para no romper ese momento, se arrodilló junto al borde de la piscina, me besó en el rostro y se marchó: ese silencio de mi hermano que lo comprende todo.

Lo que has hecho hasta ahora, queda hecho para siempre: nada que reparar, nada que repetir, ni un segundo que volver a vivir. Aquí está toda tu vida.

Pasaron tres o cinco minutos, quién lo sabe, y se acabó. Fin. No hubo, no habría más.

No he jugado nunca más, hace ocho años que no me tiro a la piscina más que para chapotear con mis hijas; no he vuelto a nadar ni a jugar a waterpolo.

La palabra que me define a mí en esta escena es: «sereno».

En casa, con Silvia, Nicole y Rebecca

Volví a Italia pasando por Manresa, mis padres estaban contentísimos por todo lo sucedido, por mi vida: su hijo ya era, sobre todo, un hombre casado y con dos hijas. Un hombre que quería a su familia, mi propia familia, la que me había creado durante los últimos años para «mi después»: me había casado, tenía dos hijas pero durante los veranos desaparecía, durante los fines de semana siempre me iba a jugar afuera. Era un privilegiado, sin embargo. Jugar en el Pescara significaba que podía estar en casa durante la semana, pero el deporte te lleva, en lo que se refiere a la familia, a mal traer. Lo que deseaba finalmente era acabar con ese ir-y-venir.

Sería una tontería decir que quería disfrutar de la familia: siempre he disfrutado de ella, con lo que me gusta a mí la familia, es mi todo. Pero ahora quería más, ahora quiero tiempo para vosotras, quiero estar alrededor vuestro y veros crecer, quiero estar más presente, quiero ser yo quien vaya a hablar con vuestros profesores, quiero ser yo quien os lleve al colegio cada día sin faltar uno solo, puntualmente a las ocho y media de la mañana, y os pase a recoger después. «Yo, yo, quiero ser yo»... Decirle a mi mujer: «Lo hago yo, yo»... Ella tiene su propio trabajo y es raro el día que viene a comer a casa al mediodía; yo estoy siempre; para la cena siempre estamos todos. Esto era lo que quería vivir y lo he vivido desde Sídney.

El COI y Juan Antonio Samaranch

Otra cosa hermosa que había sucedido en Sídney fue que la asamblea de los atletas me eligió como representante del colectivo en el Comité Olímpico Internacional durante los cuatro años siguientes. Es un cargo de mucho prestigio, mucha gente vendería su alma al diablo por estar entre las ciento catorce personas que deciden sobre el deporte mundial.

Es un núcleo de decisión fuerte, potente, al que pertenecí durante los cuatro años establecidos.

Por otro lado, hablar en España del Comité Olímpico Internacional es hablar de Juan Antonio Samaranch. Los límites que impone un libro como este no me permiten hablar de todas y cada una de las personas, tantas personas, tantas, a las que debería dar las gracias: entrenadores de cuando era pequeño, mediano y grande, compañeros de juego de cuando era pequeño, mediano y grande, profesores del colegio, asistentes, tantas personas que sería imposible destacar. Pero a Samaranch, sí. En el deporte, Samaranch, no por mí directamente a quien siempre ha querido mucho, ni porque formé parte del Comité Olímpico Internacional bajo su dirección y pude apreciar su dedicación y manera de trabajar, sino porque él ha sido «El Deporte» en España, el Primer Hombre del deporte. No seré yo quien pueda elogiarle dignamente, ni enumerar sus virtudes, ni listar todas las aportaciones que ha realizado al deporte en este país.

Pero sí que yo, Manel Estiarte, debo destacar de entre todos mis hermanos a Juan Antonio Samaranch, una persona a la que aprecio, admiro y quiero mucho.

Mis hijas

Han pasado ocho años durante los cuales he llevado a mis hijas al colegio. Ellas han crecido y se han hecho mujeres.

La mayor, Nicole, se parece tan poco a mí... Todo son nueves y dieces en el colegio, es tan responsable... Cuando hablas con tus hijos, piensas que tú, como padre, eres la razón, sabes mucho, tienes experiencia y ellos te tienen que escuchar. Con Nicole, esto ya se quedó atrás hace más de dos años; no lo puedo reconocer delante de ella porque temo perder mi «prestigio» paterno, pero yo sé que en cuanto a capacidad mental, en cuanto a ideas, ideología vital, ya me ha dado la vuelta por todas partes; le falta, claro está, la experiencia, pero esto es solamente una cuestión de tiempo... Mi hija ya es mejor que yo, y qué orgullo. Aunque yo le discuta sus ideas políticas o de cualquier otro tipo, es maravilloso poder hacerlo; es una chica introvertida, tímida, pero fuerte. Cuando era pequeña, yo siempre le decía a su madre: «Me da miedo esta niña porque de mayor va a sufrir mucho, porque es muy tímida». Estaba bien equivocado, es fuerte, es de roca por dentro, quizá se parece a mi hermano, más callado y más serio que yo, es un núcleo de acero. La quiero con locura.

Cuando hablo de Rebecca, sonrío. Rebecca es la chica que siempre te está besando, que siempre se ríe, la adorable payasa de la familia, la niña de la casa. Bonita como su hermana, toda alegría, toda pasión, toda corazón; en esto se parece más a mí, es más atrevida. Quizás ella todavía necesita un poco más que su hermana de mi presencia a su lado, pero ellas dos ya son mujeres que empiezan a marcar su propio estilo y a proyectar su propia vida.

Aquí me detengo porque, lo comprendo, soy su padre y no terminaría nunca...

Silvia y el Destino

Silvia es una mujer muy fuerte, una mujer que protege, que ayuda, constante. Yo era constante en el deporte quizá porque poseía una calidad natural que me facilitaba mucho la disciplina, pero en la vida de cada día ya no soy constante ni disciplinado, me tengo que esforzar más. Silvia es una mujer italiana muy bella, pasional, perfecta.

¡Qué curioso, qué curiosa es mi vida! ¿Alguien puede imaginar que mi vida, mi felicidad, mi familia, lo que hemos creado Silvia y yo codo con codo, es puro designio del Destino? No es suerte, la suerte no existe, lo he comprobado en el deporte. Pero el Destino... que me llevó a Los Ángeles con veintidós años en 1984, en un tiempo en que se empezaba a hablar de la «apertura de las fronteras» para los deportistas, y se sabía que en Italia había más dinero para el waterpolo *(«la pallanuoto»)* profesional que en España.

En cuanto terminaron los Juegos Olímpicos de Los Ángeles, efectivamente se abrieron las fronteras. Yo tenía contactos con dos de los mejores equipos italianos de primera división, hablaba del tema con mi padre, él me decía: «Ya veremos...».

Y de golpe, me llama a casa una intérprete italiana de parte del Director Deportivo de un equipo de segunda división de un lugar italiano llamado Pescara. Le dije que sí, que sí, pero la verdad es que no tenía ni la más remota idea de dónde estaba eso de Pescara; en cuanto colgué el teléfono, mi madre y yo nos dedicamos a buscar Pescara en un atlas que había por casa y tardamos lo nuestro porque, desde luego, es una ciudad costera escondida en el Adriático, un poco por encima del «espolón» de la «bota» italiana.

Tres manresanos en la «tierra santa» del waterpolo

Los directivos de un equipo de segunda división me enviaban unos billetes de avión para que mi padre, mi hermano y yo viajáramos hasta allí. Y nos dijimos: «Bueno, nos pagan el viaje, vamos, vemos Italia, y a ver qué pasa». Pero durante el viaje, en el avión, en las dos horas de coche desde el aeropuerto (acudieron a recibirnos, por supuesto), los tres nos íbamos diciendo: «Bueno, no firmamos nada, ¿vale? Para segunda división nos quedamos en casa, ¿vale? En todo caso hablamos...».

Demasiado «guapos» para la situación. Al día siguiente había firmado. Mejor dicho, el mismo día, en la misma noche. Es decir, me encontré en la Italia de los manejos personales siendo un niño de Manresa, acompañado por un padre de Manresa y un hermano que –por más médico y «leído» que fuera–, también era de Manresa, los tres metidos en un mundo profesional que nos sobrepasó al instante. Nos llevaron a comer, nos llevaron a ver las instalaciones, nos tuvieron ocho horas paseando por Pescara y en ningún momento hablaron para nada del contrato. Nosotros nos decíamos por lo bajo: «Pero bueno, ¿y cuándo hablarán de dinero?».

Cuando ya nos tienen bien mareados, me llevan a un despacho presidencial de fábula, de incontables metros cuadrados, alrededor de cuya costosísima mesa de reuniones se dispone solemnemente toda una junta directiva, gente de un poder tremendo pero perfectamente desconocida para mí, todos impecablemente vestidos... Y me hacen una propuesta que de entrada triplica lo que mi padre, mi hermano y yo habíamos imaginado.

Para mis adentros quedé asombrado, pero yo ya tenía algo de italiano y mucho morro, así que saqué pecho y le dije al presidente que ya me lo pensaría. El presidente, sin perder el aplomo, metió su mano en la pechera de donde salió un fajo de billetes y me dijo:

– Esto es la mitad; la otra mitad, durante el contrato.

Yo insistí en que me dejara pensarlo y respondió:

– Me parece muy bien, piénsatelo todo lo que quieras durante los próximos diez minutos antes de que firmemos con el otro jugador.

No había transcurrido el siguiente minuto cuando todos los papeles que ya habían preparado estaban cuidadosamente firmados.

La experiencia italiana ha sido fantástica.

Era el Destino. Pescara, una ciudad absolutamente desconocida para mí, un equipo de segunda división... En el primer año, subimos a primera; en el segundo, perdimos la final contra el Posillipo; en el tercero, ganamos la final. El Pescara, una ciudad de ciento treinta mil habitantes, pasó en dos años de segunda división a la final nacional: la piscina se llenó hasta la bandera, tuvieron que poner pantallas gigantes en la plaza mayor para que la gente pudiera seguir el partido, toda la ciudad con nosotros. Ganamos la final: Pescara, campeona de Italia. Nunca había visto al público tirándose a la piscina... Ganamos copas de Europa en Pescara, Recopa de Europa, ganamos supercopas, cuatro ligas...

Pero para mí, Italia es el Destino, es conocer a mi mujer. El waterpolo me llevó a conocerla. No creo que hubiésemos llegado a conocernos porque Silvia en un incierto viaje de turismo hiciera escala precisamente en una ciudad como Manresa (debía de sonarle por aquel entonces como a mí Pescara, debió de buscarla también en un atlas cuando me conoció), no tenía ni idea ella de lo que era el waterpolo, nunca había visto un partido y, cuando me presenté, ella no sabía de mí quién era ni qué hacía, ni nada. Y allí me he quedado con ella veinticuatro años. ¡Veinticuatro años! Cuando en 2008 he vuelto a Barcelona, llevaba veintitrés años vividos en España y veinticuatro en Italia. Increíble.

Quien se aleja se convierte en extraño

Ahora me gustaría dar un paso atrás, por una cosa importante que ocurrió con relación con mis hermanos jugadores. Yo lo dejé en 2000, y en 2001 pagué mis errores con mi misma moneda.

En 1996 habíamos ganado la medalla de oro, en el 1997 se celebró en Sevilla el XXIII Campeonato Europeo y nos fue regular: quedamos en quinto lugar. Cuando nos estábamos preparando para el Mundial de 1998 (¡que ganamos!), Lluís Bestit, que había sido un gran waterpolista, olímpico en México '68 y Múnich '72, que había trabajado mucho para el deporte y entonces era directivo de la Federación y presidente de la catalana, hizo unas declaraciones. Tenía todo el derecho a opinar; ahora, que ya estoy fuera del foco escénico, veo más claro todavía que los medios periodísticos deberían mostrar todo el contenido de una declaración, no sólo entresacar unas frases. Cuando en aquella ocasión me llamaron a mí como capitán, el anuncio fue: «Lluís Bestit ha dicho que este equipo ya es mayor, y que sería mejor cambiarlo». La frase, así extraída, duele; todo el contenido, duele menos porque el *contenido* de Bestit era que el equipo era genial y que «aún podía...», aunque «había que pensar en la posibilidad de...».

En el deporte, cuando estás dentro con tu grupo de hermanos que se ha transformado en un «nosotros», te queda la amenaza de un punto débil disfrazado de autodefensa: a todo lo de fuera lo contemplas con un prejuicio crítico: «Éste habla por envidia; éste, por codicia...». Te proteges hasta el extremo de creer que quien no forma parte del núcleo duro del grupo es como si estuviera contra él... y empieza a ser mal visto. A nosotros, nos pasó, yo caí en eso, y fui injusto.

Me pusieron el micro en la boca y me dijeron: «Bestit ha dicho que...». Naturalmente, el Manel egoísta, arrogante, capitán de un equipo al que defendía por encima de todo, sacó la navaja: «¿Quién lo ha dicho? ¿Este señor mediocre waterpolista que no ha ganado nada en su vida... que se mete ahora...?». Le ofendí y al día siguiente, como quien dice, ganamos el Campeonato del Mundo, con lo que volvimos a la carga con él.

Este hombre, que era un señor de prestigio, presidente de la Federación Catalana, al cabo de unos meses de presión, con ocasión de un partido de la selección, se vio obligado a pedir públicamente perdón por unas declaraciones que no había hecho tal como se publicaron.

Fuimos bastante imbéciles, la verdad. A este señor yo le pido perdón una y mil veces, él tenía todo el derecho a decir lo que quisiese, tanto si nos sentaba bien como mal. Nuestro equipo era fuerte, pero a todas luces a veces utilizábamos mal esta fuerza, yo el primero: «¿Tú nos criticas? Pues vamos a por ti». Una y dos mil veces le pido disculpas.

Y, además, yo pasé por el mismo trance. En 2001 yo ya había abandonado la práctica deportiva y desde Italia seguí el Campeonato del Mundo que se celebró en Fukuoka. Mis hermanos ganaron allí su medalla de oro y yo, sensible como soy, después de la final llamé al delegado:

– Pásamelos al vestuario, por favor.

Me puso con Sergi y con Jesús, y de aquí viene mi distanciamiento de ellos.

Yo había vivido aquel campeonato con toda mi alma, pero desde la distancia, y no cabía en mí de alegría y se lo decía por teléfono a Jesús: «Sois los mejores, qué buenos sois...».

Os aseguro que yo no tenía envidia, al contrario, ya había pasado por esto, ya lo tenía hecho, pasado; yo me alegraba sinceramente de que lo hubieran conseguido ellos, sin mí. Jesús, mi Jesús, de quien yo lo conocía todo, el timbre de su voz, su forma de respirar, habíamos estado toda la vida peleando en el agua juntos..., Jesús estaba frío:

– Ah, vale, Manel, bien.

– Pero Jesús, ¿qué pasa? –de fondo, todo el alboroto del vestuario campeón.

– No, no, no pasa nada, bien, bien.

Enseguida intuí que yo ya era «uno de los de fuera» y se me partió el corazón.

Lo importante es que yo tenía que haber comprendido que ellos se sintieran dioses sin mí en aquel momento, porque ciertamente lo eran.

– Bueno, pásame a Sergi.

Sergi, más de lo mismo.

– Vale, vale, ya hablaremos.

Me quedé desolado.

Tiempo después, con más calma, les llamé. Habían hecho sus declaraciones a los medios.

– Bueno, es que tú, cuando estabas, siempre se hablaba sólo de ti, porque aquel día o aquella noche...

No tenían razón porque yo no les había fallado, pero yo tenía que haberles entendido. Sin embargo, no tiene importancia si tenían o no razón: juro que para mí no la tiene. Lo importante es que yo tenía que haber comprendido que se sintieran dioses sin mí, en aquel momento de máxima explosión, porque ciertamente lo eran.

Y si la tomaban conmigo, bueno, podía doler, pero si al cabo de dos meses me hubiera acercado a Barcelona y me hubiera llevado a Jesús y a Sergi a cenar para decirles: «Pero, ¿qué os pasa, tontos? ¿Ya no somos hermanos? Y ja-ja-ja. je-je-je, ji-ji-ji»...

Hubiera valido la pena intentarlo a toda costa, por lo que habíamos vivido; hubiera valido la pena solucionar lo que hubiera podido haber entre nosotros. Pero como en aquel momento se me había partido el corazón, mi orgullo me impidió reaccionar y no hice aquí lo que debía. Seguí con mi vida en Italia y pensé que todavía quedaba tiempo.

No le quedaba a Jesús. Con él no tuve tiempo de decirle: «Oye, que nosotros estamos por encima de estas chiquilladas, somos amigos, somos hermanos»; por esto me rompí cuando su madre me abrazó y me preguntó qué nos había pasado.

Con Sergi, aún nos dura la frialdad, pero creo que lo solucionaré pronto porque le quiero.

Me pasó, pues, también a mí. Lo que yo le hice a Bestit, me pasó también a mí. Y yo tenía que haberlo entendido, porque tenía más experiencia, porque lo había vivido, porque era su momento. Se desahogan contigo, pues qué putada, pues no me lo merezco, pues, bueno, va, lo que quieran, pero lo nuestro está por encima de todo esto. Todos mis hermanos.

Ocho años en Italia...

... donde me abrí paso en el mundo profesional a través de una sociedad con el grupo Cirsa, de la que estoy muy contento. Como todas, ha pasado por momentos altos y bajos, momentos difíciles y momentos muy buenos, pero siempre con una satisfacción personal y profesional que todavía sigue viva y activa.

... y vuelta a Barcelona

¿Qué ha pasado para que vuelva a Barcelona?

Tengo una amistad muy sincera y muy fuerte, desde hace más de veinte años, con Pep Guardiola. Desde hace más de diez, se da una vuelta por Pescara unos días todos los veranos. Bromeábamos ya desde antiguo con la certeza que él tenía a veces de que un día sería entrenador del Club de Fútbol Barcelona; otras veces era yo quien le decía: «Cuando seas entrenador del

Barça... », y él me decía que no, que eso no podría suceder nunca.

En último término, él siempre cerraba el debate afirmando que sólo aceptaría si yo a mi vez aceptaba ir a su lado, junto con los «suyos», las personas en las que él pudiera confiar. Finalmente, él sabía que yo estaba feliz en Italia, con mi familia y mi trabajo.

En los últimos tiempos él estaba preocupado, estaba intenso, ilusionado, nos llamábamos a cada momento, viviendo esas emociones que siempre acompañan a los inicios de algo apasionante. Mi mujer seguía nuestras conversaciones, nuestras bromas, inquietudes e ilusiones. Me veía venir y me comprendía.

En el verano de 2008, y sin que Pep lo supiera, me llamaron algunos directivos del club, el presidente entre ellos, planteándome la posibilidad de participar en un proyecto nuevo, en las ideas que en aquellos momentos bullían por los despachos. Yo me mostré interesado positivamente, en el sentido de que el proyecto parecía hermoso e interesante, pero a continuación les pregunté si Pep estaba al corriente de la conversación. Me contestaron que no, que Guardiola no sabía nada y entonces yo les planteé que si él no conocía y aceptaba los planes, yo, honestamente, no podía dar un paso más, mucho menos ir a Barcelona o entrometerme en la operación. Pep es tan claro, tan sincero y tan duro en sus decisiones, que si no le hubiese parecido bien me lo habria dicho a las claras y sin ningún problema. El presidente me prometió que hablaría con él.

Lo hizo y a los cinco minutos de salir del despacho, Pep me estaba llamando por teléfono para animarme y empezar enseguida a trabajar.

Pep Guardiola es tan claro, tan sincero y tan duro en sus decisiones, que si no le hubiese parecido bien mi incorporación al Barça, me lo habría dicho sin ningún problema.

Silvia, que me conoce mejor que nadie, me veía hablando con Pep y veía resucitar en mí aquella emoción dormida durante ocho años, aquellas cosquillas, aquella pasión por el deporte...

Mis cuatro años en el Comité Olímpico Internacional habían estado bien, pero eran agua pasada. Punto. Habían sido política importante, ciertamente, responsabilidad, lo asumí y respondí lo mejor que pude, pero nunca me quedé sin poder dormir por ello, como cuando tenía los nervios y la emoción a flor de piel por un próximo partido importante, o por una derrota pasada.

El proyecto que había de poner en marcha Pep sin necesidad de contar conmigo más de lo que había hecho en nuestras conversaciones veraniegas, ya me emocionaba por sí mismo. Culé como soy, me prometía unas temporadas de emoción y disfrute desde Italia, vería sus partidos, le llamaría, me explicaría sus cosas. Estaba ilusionado por el Barça, por Pep y por mi propia expectativa de disfrute de aficionado de raíz.

Cuando Pep me pidió que siguiera adelante con la invitación del presidente Laporta, era un momento muy difícil para el club. Los que conocían los proyectos me llamaban para que no aceptara porque no era un momento oportuno, pintaban bastos por todas partes...

La opinión más importante, para mí, era la de Silvia y ella me interrumpió: «Manel, vete ya con ellos, vuelve a disfrutar, hace días que con la mera ilusión de Pep tú ya volvías a vibrar. Desde aquí también podrías participar, claro, si os estáis llamando cada día y sólo con esto ya eres otro... Vete con ellos, anda, las niñas ya son mujeres, no te preocupes por ellas, todos te echaremos de menos, pero ya encontraremos la manera de reunirnos. Ya veremos si al final tenemos que mudarnos, y cómo lo hacemos, pero de momento, vete ya a Barcelona, a ver qué pasa».

Fui, pues, a Barcelona, escuché, hablé, el presidente me convenció, Pep me convenció todavía más... y he aquí esta aventura comenzada.

No voy a alargarme porque no quiero entrar en un territorio que no era el mío y que todavía no lo es. No soy un invitado, por supuesto, sino un privilegiado porque estoy en un club al que siempre he querido, que es el Barça; en un deporte que siempre me ha apasionado, que es el fútbol; y trabajando con mi mejor amigo, que es Pep Guardiola...

No queda mucho margen para la duda, porque incluso cuento con el apoyo de mi familia.

El vestuario en la intimidad

¿Por qué me lo paso tan bien a pesar de los nervios, las tensiones, los momentos difíciles? Ah, es que vuelvo a sentir en directo cómo late el deporte. Buena parte de mi trabajo está en el vestuario, al lado de Pep. Discuto mucho con él, no de fútbol porque no tengo nada que enseñarle y nunca me lo permitiré, pero sí de deporte: intuiciones, percepciones, sensaciones. Esto significa estar en el vestuario, ver a los jugadores, estar con ellos; no significa estar adorando a grandes ídolos –que lo son y me gusta estar cerca de ellos: éste es Leo, aquél...–. Pero permanecer en el vestuario significa también para mí encontrar constantemente semejanzas: «Éste ha salido clavado a Iván Moro, éste tiene las mismas manías que Chava...».

De alguna manera, es como si volviera a revivir mi propia carrera con una pátina de romanticismo, de nostalgia, cuando veo en Samuel Eto'o la ambición, la fuerza, la agresividad por lo que ha sufrido en su vida;

la genuina calidad angélica de Messi, el milagro que es este chaval... Sí, es un milagro ese futuro sin límites que le permitirá llegar a ser lo que él decida;

la seguridad, la fuerza que le da a Carles Puyol el saberse afortunado de hacer lo que hace, de ser jugador de su Barça, y que empuja, empuja cada día para superarse;

la alegría de Piqué;

la seriedad, el señorío y el elegante saber estar de Thierry Henry;

la serenidad de Xavi, su calidad humana, su capacidad de estar siempre en el lugar que le corresponde;

la dulzura e ingenuidad, la ternura, el inmenso futuro de Bojan;

la discreción, la humanidad, la inteligencia, los valores humanos que posee Iniesta;

el admirable punto de locura de Valdés, como el de todos los grandes porteros del mundo, quizá por los pelotazos que reciben en la cara...

Pero la plantilla se compone de más de veinte jugadores, desde los más reconocidos hasta los tres más tiernos, recién salidos del Barça B para incorporarse al primer equipo: Sergio Busquets, Víctor Sánchez, Pedrito, en los que, entre sus facultades enormes, todavía adviertes ese punto de prudencia y sobrecogimiento que les infunde verse en el Camp Nou con los «grandes» del fútbol, ellos que vienen directamente de tercera división.

Entre unos y otros, quedan otros muchos jugadores: la seriedad y serenidad de Keita, una persona profunda y de valores muy arraigados;

Hleb, el bielorruso, que en los primeros meses no diré que estaba distraído pero..., ni perdido, pero..., ni despistado, pero...: era el único que no dominaba ningún idioma de los muchos que se utilizan en este vestuario, y que poco a poco se va acomodando;

me encanta la sólida mentalidad de Gudjohnsen, nórdica, europea, abierta...

Dani Alves tiene también un punto de locura, un algo de lunático, esa fuerza física y mental, ese empujar el carro...;

Cáceres es un joven recién llegado, muy reflexivo, sabe estar en su puesto, no quiere anticipar nada, sino progresar paso a paso: es consciente de lo que significa este lugar para aprender y ganar terreno;

Silvinho es una persona encantadora, profundamente religiosa, antes y después de cada entrenamiento da gracias a Dios por estar donde está, posee unos valores espirituales enormes, emana espiritualidad, es amable con todo el mundo, se diría que constantemente está dando las gracias a todas las personas que le rodean, desde la que friega el suelo hasta la que le entrena o masajea.

Nuestros porteros Pinto y Jorquera, que no son reservas aunque no jueguen tanto; pertenecen a culturas diferentes, pero son positivos, compañeros, luchadores, poseen esa calidad humana que es imprescindible en un vestuario y un equipo;

Yaya Touré, un niño grande, un deportista a caballo entre el niño y el adulto...;

Eric Abidal, un francés de carácter alegre y juguetón, con un físico excepcional;

en Márquez es muy notable su fuerza compuesta a partes iguales de valentía, discreción y silencio.

Y no hay que olvidar el espíritu de superación de Milito, ese orgulloso gladiador argentino que lleva ocho meses luchando contra su lesión y acudiendo al campo con una obstinación admirable.

Por respeto a este mundo, a este vestuario que es de ellos, no voy a entrar en más detalles. Pero yo lo vivo, lo respiro, intento estar allí presente, contribuir con mi experiencia como deportista, pero ciertamente es un privilegio, un privilegio.

Por otra parte, al Barça en general y al presidente en particular, al club, a Pep les intento aportar mi experiencia, y transmitirles este sencillo y dulce olor del vestuario.

Se me dice que el fútbol es tan distinto del waterpolo; yo respondo con la siguiente descripción: al fondo de todo se encuentra el vestuario donde están los jugadores. Por delante de la puerta, se extiende un larguísimo pasillo que conduce a la sala de prensa, unas escaleras, el parking y, al otro lado, mucha gente que siempre les espera para verles salir.

Los chicos que están allí al fondo haciendo sus cosas serán específicamente futbolistas, pero básicamente son deportistas. Uno está sentado antes del partido y tiene miedo; otro, también sentado, se lo toma con mayor tranquilidad; este otro tiene estos defectos; el de más allá, sus virtudes; éste se mueve entre los márgenes demasiado cercanos de sus límites; este otro tiene...

No son más que deportistas como lo éramos nosotros. Cada uno con sus manías, con su manera de ser. Futbolistas o waterpolistas, deportistas al fin y al cabo, porque en el vestuario nada los distingue.

Los futbolistas son deportistas con sus manías,
con su manera de ser, con su vida.
En el vestuario son hombres, sólo hombres.

Cuando recorren el pasillo larguísimo, pasan por entre unas piscinas preciosas, una sala con muchos médicos a su disposición, masajistas... El ámbito del vestuario ya se transforma, ellos ya son objeto de cuidados y de mimo: los futbolistas-personas siguen siendo los mismos, pero lo que les envuelve ya es –mejor o peor–, distinto.

Más adelante, en el extremo opuesto del pasillo, hay una sala de prensa donde les esperan cada día ochenta periodistas dispuestos a convencerles de que son dioses o pordioseros.

Cuando salen a la calle, doscientas personas diarias están allí, haga el tiempo que haga, con la única intención de verles pasar un instante raudo, medio invisibles en sus coches.

Por supuesto, el fútbol, más allá de los límites del vestuario, no tiene nada que ver no sólo con el waterpolo, sino con cualquier otro deporte. Pero allí, al fondo del pasillo, en aquel espacio separado del mundo, en el vestuario, los futbolistas son deportistas, son iguales que Iván, que Toto, que Jesús, que Dani, que Sergi, hombres que llegarán a su casa con ilusiones y problemas, discusiones, sueños, que vivirán la vida a su manera. Allí, al fondo, antes del partido, viven las mismas sensaciones que todos los demás.

Hace cinco meses que realizo este trabajo. Quizá me durará doce meses más, o dos años, poco más o menos; no importa. No pretendo apalancarme ahí durante veinte años, pero el hecho, el gusto, el orgullo, las sensaciones que experimento viviendo todo esto durante este tiempo son impagables. Me levanto todas las mañanas con ganas de acudir al club, de verles, de estar con Pep, de comprobar que al club le van bien las cosas... Me levanto contento. No quiere decir que antes me levantara triste, ni mucho menos, pero esto es sangre de mi sangre, esto es mío, esta es mi vida.

Y ya está.

El waterpolo y yo

En este libro he hablado de mi gente, de mis amigos, de mis compañeros, de todos mis hermanos, de todo lo que me han enseñado, de todo lo que he querido, más que de lo que yo he sido.

Y yo he sido, soy, un waterpolista.

Cuando yo era pequeño en Manresa, mamá, Albert, Rosa y yo cenábamos en la pequeña cocina del piso –nosotros tres con el pelo mojado porque llegábamos de entrenar–. En ese calor íntimo, mamá nos preguntaba con frecuencia qué queríamos ser de mayores. No sé si Albert ya decía que quería ser médico; yo contestaba indefectiblemente que quería ser nadador y mamá decía que no, que en todo caso tenía que ser «algo» y, además, nadador. Pero yo sólo quería ser nadador, quería seguir haciendo lo que entonces sabía hacer: nadar en el agua.

Se equivocó mamá aquella vez, porque sí, fui, soy, nadador. Mi vida ha transcurrido en el agua; he luchado mucho, me he sacrificado mucho, tengo testigos por doquier. He renunciado a todo lo que me pudiera apartar de un entrenamiento o perjudicar mi condición física.

Sin duda, se me concedió un talento, sin duda yo lo he visto todo muy fácil y todo se me ha dado muy bien en waterpolo. El deporte, y el waterpolo en particular, me brotan del alma con una gran facilidad, pero yo he entregado mi vida al deporte; le he dado todas mis ganas, toda mi ilusión, toda mi intensidad. A cambio, he recibido muchísimo más, lo estoy acabando de explicar en este libro: infinidad de amigos, de hermanos, títulos, valores humanos, cosas importantes; cosas todavía más importantes que debo al waterpolo, como son mi mujer y mis hijas...

Una inmensa pirámide en la que cada pieza, por insignificante que parezca, tiene un papel imprescindible en mi vida, y reconozco feliz que se lo debo.

El waterpolo es una palabra con la que me moriré. Cuando me llegue esta hora, me llevaré conmigo el recuerdo de Silvia, de Nicole y de Rebecca, el de mis padres, el de mis hermanos, el de mis amigos... y el del waterpolo rodeándolo, configurándolo todo.

Cada uno aprecia las cosas a su manera, pero el waterpolo es un deporte tan insignificante para las personas que lo desconocen, es tan minoritario que con razón se habla de «la familia» del waterpolo.

Y sin embargo, ¡tanta gente ha dado tanto por este deporte cuando apenas tenía lugar en el espacio deportivo español! Antes del reconocimiento internacional y los podios olímpicos, esto era cosa de románticos, nostálgicos y apasionados.

Gente como «Polichón», el padre de Lolo Ibern que fue seleccionador mío; presidentes como Leandro Rivera o Ramon Geli, o Julián García, personas como Josep Brascó, tantos entrenadores, tantos árbitros, tanta gente, el mundo, «la familia del waterpolo».

Gente a quienes el corazón no les cabe en el cuerpo. Gente a quienes nadie pide tanto esfuerzo para un deporte tan minoritario.

Amigos y hermanos como Pere Robert, un amigo en el sentido más profundo de la palabra, un hermano, un waterpolista con quien conviví los años difíciles pero encantadores de la selección, cuando aún no ganábamos medallas...

Como Enric Bertran, con quien ya estuve en el equipo júnior de la selección cuando teníamos dieciséis años, pero ya veníamos compitiendo entre nosotros desde que teníamos doce, compartimos plazas en la selección absoluta, ahora él es presidente de la Federación Catalana, ambos somos culés a toda prueba y nunca hemos perdido la relación junto a las piscinas y fuera de ellas.

Marcos González, jugador de la selección, subcampeón olímpico en Barcelona '92, a quien me unía también su gran pasión por el Barça; esa pasión que nos servía para olvidar los ocho kilómetros cuesta arriba que nos imponía Dragan en Andorra; no os lo perdáis, fue el único que consiguió de aquel salvaje un permiso para abandonar la concentración (y era para acudir a la famosa final de Wembley), a condición de que estuviera de vuelta para el entrenamiento de la mañana..., y sí, cuando nosotros ya descendíamos como podíamos por aquel sendero de pedruscos, él, que había pasado la noche viajando, ascendía más fuerte que nunca con las manos levantadas y gritando: «Visca el Barça!», mientras los madrileños le insultaban...

... Gente a quienes el corazón no les cabía en el cuerpo, con unos valores humanos excepcionales. Gente a quienes nadie pedía tanto esfuerzo para un deporte tan minoritario pero que para ellos constituía una pasión.

Gente que son un regalo que el deporte me ha otorgado y que no puedo describir uno a uno porque no puedo escribir diez libros ahora mismo. Yo soy uno de ellos y me moriré siéndolo.

He hecho otras cosas, estoy haciéndolo, vivo, he vivido, en otro país...

Mamá, en esto te equivocaste cuando yo era pequeño y no me secaba con la toalla los cabellos húmedos: soy waterpolista, he sido lo que no querías: un nadador.

El waterpolo es mi vida; alguien me ha dicho que si me hubiera dedicado al fútbol hubiera sido el no va más: qué queréis que os diga: soy waterpolista y esto es el no va más: la familia del waterpolo. Soy waterpolista y aunque no me vuelva a tirar a la piscina en cuarenta años, yo soy waterpolista.

Epílogo

Si a un niño como lo fui yo o cualquier deportista, le preguntas qué querrá hacer en la vida, te contestará:

«Quiero hacer deporte.»

Vale. Y qué más.

«Quiero ser el mejor.»

Y qué más.

«Quiero jugar con la selección.»

Un deseo más.

«Jugar unos Juegos Olímpicos.»

OK

«¿Puedo pedir más? Que los Juegos Olímpicos se celebren en mi casa, con mi gente.»

Así fue ...

... Y ahora que ya lo has conseguido todo, ¿algo más?

«Sí. Ganar.»

Este es mi privilegio,
mis amigos,
mis hermanos

Barcelona-Pescara,
diciembre 2008-enero 2009

Colofón

Juan Antonio Samaranch

Tengo por Manel Estiarte una estima muy especial y le considero una persona íntegra, un deportista ejemplar y le admiro tanto por sus profundos valores humanos como por sus muchos éxitos deportivos. Vaya por delante mi agradecimiento sincero por las palabras dedicadas a mi persona en este impresionante libro *Todos mis hermanos*, verdadera confesión de un deportista que se manifiesta como un ser humano excepcional. Y quiero agradecerle, en mi condición de dirigente deportivo, que haya asumido con valentía el reto de explicar sus íntimas experiencias en el deporte para así ayudar a todos aquellos jóvenes que empiezan una carrera. Los deportistas que están en fase de formación ya tienen el mejor espejo en el que fijarse: el gran campeón que es Manel Estiarte.

La trayectoria olímpica de Manel y la mía han transcurrido en paralelo: él debutó en los Juegos Olímpicos de Moscú en 1980, fecha en la que fui elegido Presidente del Comité Olímpico Internacional, y acabó su brillante carrera deportiva en los de Sídney, en 2000, mis últimos Juegos Olímpicos como Presidente del COI. Claro que entre ambas trayectorias no hay comparación posible, la suya tiene un mérito al alcance de muy pocos: Manel Estiarte obtuvo la gloria de ser campeón olímpico, el mayor honor que cabe en la vida de un deportista. En seis ocasiones (solo el jinete Luis Álvarez Cervera le iguala en esta marca) participó en unos Juegos Olímpicos (Moscú, Los Ángeles, Seúl, Barcelona, Atlanta y Sídney), lo que significa que durante veinticuatro años ha estado en el nivel más exigente, en la elite del deporte mundial. Debutó en unos juegos con diecinueve años, medalla de plata en Barcelona '92, fue campeón olímpico en Atlanta '96, abanderado del equipo español en Sídney. En las seis ediciones olímpicas en las que participó, marcó 127 goles de los 1.561 que consiguiera en las 581 veces que fue seleccionado. Triunfador en todas las competiciones en las que participó, fue la primera estrella del deporte español que fue fichado por un club extranjero. Estiarte ha competido en Italia, en la Liga más disputada del mundo: donde la *pallanuoto* compite con el mismísimo fútbol. Su palmarés deportivo es impresionante y durante 7 años fue elegido el mejor jugador del mundo, lo que le hizo merecedor del Premio Príncipe de Asturias en 2001 coincidiendo con su definitiva retirada a los cuarenta años y después de veinticinco de su primera selección con el equipo español.

Quisiera detenerme brevemente en su elección como miembro de la Comisión de Atletas del Comité Olímpico Internacional. En Sídney, los propios deportistas mediante unas elecciones democráticas celebradas en la Villa Olímpica le eligieron su representante. La reforma de la Carta Olímpica más trascendental que se acometió tras el escándalo de la elección de Salt Lake City, fue la de la actualización de las estructuras fundamentales del Comité Olímpico Internacional. Así se adoptó la decisión de que bajo la gran cúpula del COI se incorporaran cuarenta y cinco miembros en representación de los Comités Olímpicos Nacionales, las Federaciones Internacionales y los deportistas elegidos democráticamente en elecciones convocadas en la Villa Olímpica durante los juegos. El COI pasaba a tener ciento quince miembros, de los que setenta era cooptados, tal como se venía haciendo, y los otros cuarenta y cinco representaban a estos tres grandes componentes de la Familia Olímpica.

Sentí una gran alegría cuando Manel Estiarte fue uno de los quince representantes de los deportistas y se incorporó a esta comisión al lado de grandes atletas como el perteguista Sergey Bubka. Estiarte se distinguió por aportar su conocimiento y su experiencia en el gobierno del deporte mundial y supo ganarse el respeto y la admiración en los despachos al igual que años antes lo consiguiera en la piscina.

Sin entrar en los aspectos más personales del libro que Manel nos narra con una sinceridad admirable, este libro *Todos mis hermanos* es el desgarrador testimonio de un gran campeón. El lector necesitará tiempo para recuperarse de las emociones contenidas a lo largo de estas páginas de confesiones íntimas, más allá de lo que se puede esperar de un ser humano al que admiras pero del que desconoces sus pensamientos más íntimos y que ahora puedes compartir.

¡Cuántas lecciones de humanidad se reúnen en estas páginas! Manel ha permitido que el lector penetre en su sentimiento más íntimo antes de una final olímpica, ya en la soledad del largo túnel que le conduce a la piscina («Tenemos miedo, claro que tenemos miedo; el miedo no te debe echar para atrás, pero tú debes asumir tu miedo, has de respetarlo») o nos ha confesado conductas en el límite del espíritu deportivo («Nosotros también agarrábamos, pegábamos, empujábamos, remontábamos»), o el estado de ánimo en la derrota, después de acariciar el triunfo («Me dolía el corazón, los huesos, la sangre, el cansancio; si hubiésemos ganado no me hubiera dolido nada, ni siquiera la ceja partida que todavía sangraba»). La defensa a muerte de sus compañeros («Mis compañeros sufrían lo mismo que yo y, de este modo, aprendí a verme débil como ellos»), ensalzando el valor del grupo y el papel del líder («Una cosa es ser un 'figura' y otra, un líder. El líder sirve al equipo, mientras que el 'figura' se sirve de él») o valorando el espíritu de equipo («Un equipo no está completo si el líder sólo cuenta con los 'cracks'. Sin los humildes, no llega a ninguna parte»).

Este libro de confesiones debería recomendarse como un *Manual* de cabecera para los miles de jóvenes deportistas que cada día compiten para mejorar su rendimiento. Es un libro que nos remueve y conmueve con los valores más profundos del deporte: administrar la victoria y la derrota; desarrollar la generosidad con el compañero; defender los indestructibles lazos de amistad que se forjan en un vestuario; fomentar el respeto al contrario; acatar la disciplina y la obediencia al entrenador; el espíritu de lucha, la autosuperación... todos estos valores que el deporte nos enseña. Gracias, Manel Estiarte, el mundo del deporte te agradece este testimonio.

JUAN ANTONIO SAMARANCH
Presidente de Honor del Comité Olímpico Internacional

Mi palmarés

1977, Campeonatos de Europa en Jönköping. Debuto con la selección española.

1980, Juegos Olímpicos en Moscú, con la selección española. – Máximo goleador.

1981, Campeonatos de Europa en Split, con la selección española. – Máximo goleador.

1981, Copa de Europa en Barcelona, con el Club Natació Barcelona. Campeón.

1981, Liga española, con el Club Natació Barcelona. Campeón.

1981, Supercopa de Europa, con el Club Natació Barcelona. Campeón.

1982, Liga española, con el Club Natació Barcelona. Campeón.

1983, Campeonatos de Europa en Roma, con la selección española. Medalla de bronce. – Máximo goleador.

1983, Copa del Mundo (FINA) en Malibú, con la selección española. – Máximo goleador.

1983, Liga española, con el Club Natació Barcelona. Campeón.

1984, Juegos Olímpicos en Los Ángeles, con la selección española. – Máximo goleador.

1985, Copa de Italia, con el Pallanuoto Pescara. Campeón.

1985, Copa del Mundo (FINA) en Duisburgo, con la selección española. Medalla de bronce. – Máximo goleador.

1986, Campeonatos del Mundo en Madrid, con la selección española. – Máximo goleador.

1986, Copa de Italia, con el Pallanuoto Pescara. Campeón.

1987, *Scudetto* (Liga), con el Pallanuoto Pescara. Campeón.

1987, Copa de Europa en Berlín, con el Pallanuoto Pescara. Campeón.

1987, Copa del Mundo (FINA), con la selección española. – Máximo goleador.

1987, Supercopa de Europa, con el Pallanuoto Pescara. Campeón.

1988, Juegos Olímpicos en Seúl, con la selección española. – Máximo goleador.

1989, Campeonatos de Europa en Bonn, con la selección española. – Máximo goleador.

1989, Copa de Italia, con el Pallanuoto Pescara. Campeón.

1989, Recopa de Europa, con el Pallanuoto Pescara. Campeón.

1990, Copa de Italia, con el Pallanuoto Pescara. Campeón.

1991, Campeonato de Europa en Atenas, con la Selección española. Medalla de plata. – Máximo goleador.

1991, Campeonatos del Mundo en Perth, con la selección española. Medalla de plata.

1991, Copa de Italia, con el R. N. Savona. Campeón.

1991, *Scudetto* (Liga), con el R. N. Savona. Campeón.

1991, Recopa de Europa, con el Club Natació Catalunya. Campeón.

1992, Liga española, con el Club Natació Catalunya. Campeón.

1992, Supercopa de Europa, con el Club Natació Catalunya. Campeón.

1992, Copa del Rey, con el Club Natació Catalunya. Campeón.

1992, Juegos Olímpicos en Barcelona, con la selección española. Medalla de plata. – Máximo goleador.

1992, Supercopa de Europa, con el Pallanuoto Pescara. Campeón.

1993, Campeonatos de Europa en Sheffield, con la selección española. Medalla de bronce. – Máximo goleador.

1993, Recopa de Europa, con el Pallanuoto Pescara. Campeón.

1994, Campeonatos del Mundo en Roma, con la selección española. Medalla de plata. – Máximo goleador.

1995, Len Trophy, con el Pallanuoto Pescara. Campeón.

1996, Juegos Olímpicos en Atlanta, con la selección española. – Medalla de oro.

1997, Campeonatos de Europa en Sevilla, con la selección española. – Máximo goleador.

1997, *Scudetto* (Liga), con el Pallanuoto Pescara. Campeón.

1998, Campeonatos del Mundo en Perth, con la selección española. Medalla de oro. – Máximo goleador.

1998, Copa de Italia, con el Pallanuoto Pescara. Campeón.

1998, Scudetto, con el Pallanuoto Pescara. Campeón.

1999, Copa del Mundo (FINA) en Sídney, con la selección española. Medalla de bronce. – Máximo goleador.

1999, Copa del Rey, con el Club Natació Atlètic-Barceloneta. Campeón.

2000, Juegos Olímpicos en Sídney, con la selección española. Me retiro.

Índice de nombres

Su opinión es importante.
En futuras ediciones, estaremos encantados
de recoger sus valoraciones sobre este libro
Todos mis hermanos.
Por favor, háganoslas llegar a través de nuestra web

www. plataformaeditorial.com